公路工程施工及其养护管理研究

孙强　宋平原　李治国　著

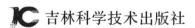
吉林科学技术出版社

图书在版编目(CIP)数据

公路工程施工及其养护管理研究 / 孙强，宋平原，
李治国著. 一长春: 吉林科学技术出版社，2022.9
  ISBN 978-7-5578-9727-7

  I.①公… II.①孙… ②宋… ③李… III.①道路工
程－施工管理－研究 ②公路养护－研究 IV.① U41

  中国版本图书馆 CIP 数据核字 (2022) 第 178094 号

公路工程施工及其养护管理研究

著　　　孙　强　宋平原　李治国
出 版 人　宛　霞
责任编辑　刘　畅
封面设计　李若冰
制　　版　北京星月纬图文化传播有限责任公司
幅面尺寸　170mm×240mm
字　　数　215 千字
印　　张　13
印　　数　1-1500 册
版　　次　2022年9月第1版
印　　次　2023年3月第1次印刷

出　　版　吉林科学技术出版社
发　　行　吉林科学技术出版社
地　　址　长春市福祉大路5788号
邮　　编　130118
发行部电话/传真　0431-81629529 81629530 81629531
　　　　　　　　　　　　81629532 81629533 81629534
储运部电话　0431-86059116
编辑部电话　0431-81629518
印　　刷　三河市嵩川印刷有限公司

书　　号　ISBN 978-7-5578-9727-7
定　　价　90.00元

作者简介

孙强，高级工程师，现就职于洛阳路桥建设集团有限责任公司，主要从事道路桥梁的施工管理工作。作为主要项目管理人员先后参与连霍高速郑洛段、洛三段、三淅高速灵卢段、荷宝高速东明黄河特大桥等多个国家重点高速项目，其中多项工程被评为"优良工程"，并取得良好的经济效益；主持参与路桥集团的内部管理文件制定工作，所制定的多项工法被评为"省级工法"加以推广；在相关杂志上发表多篇论文；拥有多项发明专利和新型实用专利。

宋平原，高级工程师，现就职于河南省济阳高速公路建设有限公司、河南省济源至洛阳西高速公路建设有限公司，任质量管理部部长，主要研究方向为高速公路桥梁工程、隧道工作质量管理、质量检测等。主持参与完成多项科技研究项目，获2016年度河南省交通运输厅科技进步一等奖、2016年河南省交通运输厅科技进步三等奖、2016年河南省交通运输厅科技进步一等奖等荣誉奖项。

李治国，工程师，现就职于河南质强公路工程有限公司，主要从事公路桥梁工程的施工管理工作。参与负责的多项工程项目（中铁七局郑州分公司希望路与二广高速立体交叉桥梁梁板预制工程、G310洛阳市境（偃师段）改建工程G310YSSG.2路基二标桥梁梁板预制工程等）均受到业主的良好评价；所带团队多次被中交三公局有限公司、中铁北京工程局有限公司评定为优秀合作队伍；所承建工程均被各级工程质量检测部门评定为优良工程。

前　言

公路作为公共产品，为经济社会发展做出了巨大的贡献，为人民交通出行提供了极大的便利，但随着经济社会的发展、城镇建设的日益加快，公路养护承载的压力日益增大，出现的一系列问题给公路养护管理带来了挑战。因此，对公路养护管理进行研究至关重要。

基于此，本书以"公路工程施工及其养护管理研究"为选题，在内容编排上共设置六章：第一章是公路工程施工概述，主要包括公路工程的发展与组成、公路工程的施工过程、公路工程的施工设计；第二章是研究公路工程施工的组织管理，内容涵盖公路工程施工的成本管理、公路工程施工的合同管理、公路工程施工的人力资源管理；第三章围绕公路工程土质路基施工技术、公路工程石质路基施工技术、公路工程沥青路面施工技术、公路工程水泥混凝土路面施工技术展开论述；第四章对公路工程施工的质量控制及管理方法、公路工程施工中路面与路基的质量控制、公路工程施工的质量评价进行全面分析；第五章探究公路工程路基养护的内容与要求、公路路肩与边坡的养护管理、公路支挡设施养护管理与路基翻浆的防治；第六章研究公路工程路面的日常养护管理、公路工程沥青路面的养护管理、公路工程水泥混凝土路面的养护管理。

本书体系完整、视野开阔、层次清晰，借助通俗易懂的语言、系统明了的结构，全面介绍了公路工程施工及其养护管理，充分体现出本书的科学性、系统性、时代性等特点。

本书由孙强、宋平原、李治国撰写，具体分工如下：

第一章、第二章、第三章第三四节：孙强（洛阳路桥建设集团有限责任公司），共计约 11 万字；

第三章第一二节、第四章、第六章第一二节：宋平原（河南省济阳高速公路建设有限公司、河南省济源至洛阳西高速公路建设有限公司），共计约 7 万字；

第五章、第六章第三节：李治国（河南质强公路工程有限公司），共计约 3.5 万字。

　　笔者在撰写本书的过程中,得到了许多专家、学者的帮助和指导,在此表示诚挚的谢意。由于笔者水平有限,加之时间仓促,书中所涉及的内容难免有疏漏之处,希望各位读者多提宝贵的意见,以便笔者进一步修改,使之更加完善。

目　　录

第一章　公路工程施工概述

第一节　公路的发展与组成

一、我国公路的发展

由于我国幅员辽阔、物产丰富、人口众多,因此需要有一个四通八达且完善的交通运输体系,以进一步促进国民经济的发展,提高人们的物质文化生活水平。"目前,我国汽车运输现正在进入公路高速化时代。"①

(一)公路运输的地位

交通运输是国民经济的命脉,是推动经济发展的"先行官",同时也是将工业与农业、城市与乡村的生产和消费联系起来的纽带。因此,要想实现国民经济现代化,就必须要先实现交通运输现代化,这也是经济建设和经济发展的客观规律。

现代交通运输是由铁路、水运、航空、管道和公路五种运输方式所组成的。它们各有分工又相互联系与合作,共同承担起国家建设所需的原材料及产品的集散、城乡物资的交流及生产和生活必需品的运输任务。

(1)铁路运输对于远程的大宗货物及人流运输起着主要的作用。

(2)水运在通航的地区是廉价运输的首选。

(3)航空运输则起着快速运送旅客,快速运送贵重、紧急物品等的作用。

(4)管道多用于运输液态、气态及散装物品(如石油、煤气等)。

(5)公路运输具有机动、灵活、直达、迅速、适应性强和服务面广的特点,

---

① 郑安文.关于我国公路高速化的思考[J].科技进步与对策,2001,18(12):191.

对于客货运输,特别是短距离的运输,其经济效益尤其显著。

以上五种运输方式在技术经济上各有特点,各自适应着一定的自然地理条件和满足各类运输需要。它们在发展社会主义商品经济中,相互分工、相互连接、取长补短、协调发展,形成了统一的综合运输体系,为社会主义建设事业发挥了巨大的作用

公路运输在交通运输体系中占有较大的比重,是短途客货运输的主力,在缺乏铁路、水运或运输不是很发达的地区,公路运输就成了运输的主体。随着国民经济不断发展,特别是汽车专用公路(如高速公路、一级公路等)里程增加,公路运输在国民经济建设和社会服务等各方面的重要作用日益突出,并显示出广阔的发展前景。

(二)公路运输的特点

"公路运输业作为国民经济的基础性、先导性和服务性行业,在当今社会经济生活中发挥着越来越重要的作用。"[1]公路运输主要有以下特点:

(1)公路运输的资金周转更快,社会效益也更显著。

(2)公路运输的机动灵活性更强,可以在需要的时间、规定的地点将货物迅速集中或分散。

(3)公路运输可以深入到货物集散点进行直接装卸而不需要中转,这不仅能够节约大量的时间与费用,而且还能够减少货物的损失,对于短途运输而言效益更加显著。

(4)公路运输的适应性更强、服务面更广,与其他的交通运输方式相比局限性更小,受固定交通设施的限制也更小,并且还可以直接到达边远的山区、小镇及任何工矿企业的场地和厂区。

(5)与铁路、水运相比,公路运输由于所用的燃料较贵、服务人员多、单位货运量较小等,因此运输成本偏高。但是这些缺点将随着汽车制造技术不断改进、公路技术等级提高及运输组织管理改善而逐渐克服。

由于我国近年来高等级公路迅速发展,汽车运输速度得到了提高,载重量也在不断增大,因此公路运输已经成为我国目前运用最广泛的一种运输方式。

---

① 刘隽,王业蕴,李惠娟,等.我国公路运输业对经济发展的影响分析[J].商业经济研究,2015(15):131.

(三)我国公路的技术发展

在中华人民共和国成立之后,我国在公路技术的发展方面取得了较大成绩,具体体现在以下几方面:

(1)全国已建立了一批维护公路正常运营的养护力量。

(2)交通科研体系已经基本形成,交通教育已具相当规模。

(3)公路的设计理论、施工养护技术水平和机械化程度都有了很大提高。

(4)拥有了渣油路面、双曲拱桥、钻孔灌注桩、高原冻土带的沥青铺筑等具有我国特点的新成果。

(5)交通系统职工队伍数量和素质逐渐提高,他们除了承担国内修建任务外,还先后赴亚洲、非洲等的 20 余国承担经援任务,为增进与各国人民之间的友谊做出了显著贡献。

为了加速我国公路网建设、改善公路施工技术,在科研工作方面,必须解放思想、实事求是、尊重科学技术、讲求实效,从我国国情和公路交通的特点出发,努力学习国内外先进经验和技术,采用新理论、新技术、新工艺、新材料,使公路测量、设计、施工、养护的科技水平向前发展。在管理方面,坚持全面规划,统筹安排,充分调动中央和地方、政府和群众修建公路的积极性;贯彻自力更生、艰苦奋斗、修养并重、分期修建、逐步提高的原则;制定专业队伍与民工建勤相结合、国家投资与地方多渠道集资相结合、民办与公助相结合的方针,充分调动各方面的积极因素,努力使我国公路技术状况有较大的改进和提高。

二、公路的基本组成

(1)公路路基。公路路基是按线形设计的位置和横断面尺寸在天然地面上用土或石填筑成路堤(填方路段)或挖成路堑(挖方路段)的带状结构物,其主要作用是承受路面传递的车荷载,是用来支撑路面的重要基础。因此,路基本身必须要具有足够的强度及足够的稳定性,还应具有不易变形等特点,并且要能够防止水分及其他自然因素对路基本身的侵蚀和损害。水是造成路基破坏的主要自然因素之一,因此为了排除地面水和地下水,保证路基使用寿命与强度,要设计完善的公路排水系统。路基防护工程是为了加固路基边坡,确保路基稳定而修建的结构物。按其作用不同,可具体分为三种类型:①坡面防护,路基边坡坡面防护一般有植物防护、坡面处治及护坡与护面墙等;②冲刷防护,冲刷防护除上述防护外,为调节水流流速及流向,防护路基免受水流冲刷,在沿河路基还可设置顺坝、丁坝、格坝等导流结构物;③支挡构造物,支挡构造物一般是指填(砌)石边坡、挡土墙、护脚及护面墙等。

(2)公路路面。公路路面是一种运用各种材料及混合料,分层或多层铺筑在路基顶面以供车辆行驶的层状结构物,其直接受车辆荷载作用和自然因素影响。因此,路面必须要具有能够满足车辆在其表面可以安全、迅速、舒适行驶的强度、刚度、平整度、稳定性及抗滑性。

(3)桥涵。桥涵是工业术语,是桥梁和涵洞的统称。桥梁是在公路跨越河流、沟谷及其他线路时,为保证公路的连续性而设置的构造物。涵洞是指在公路工程建设中,为了使公路顺利通过水渠不妨碍交通,设于路基下的排水孔道(过水通道),通过这种结构可以让水从公路的下面流过。涵洞主要由洞身、基础、端墙和翼墙等组成。涵洞根据连通器的原理,常用砖、石、混凝土和钢筋混凝土等材料筑成。其一般孔径较小,形状有管形、箱形及拱形等。

(4)隧道。交通隧道是由主体建筑物与附属建筑物两个部分所组成的结构。隧道的主体建筑物由洞身衬砌和洞门建筑两部分组成。隧道的主体建筑物是为了保持隧道稳定、保证行车安全运行而修的。隧道洞身衬砌的平、纵、横断面的形状由其几何设计而确定;衬砌断面的轴线形状和厚度由衬砌计算决定;洞门的构造形式由多方面因素决定,如地形地貌、岩体稳定性、通风方式、照明状况及环境条件等。在洞门容易坍塌或在山体坡面有崩坍和落石地段,则应接长洞身(即早进洞或晚出洞),或加筑明洞洞口。

(5)交通服务设施。交通服务设施指的是在公路沿线所设置的一些与交通安全、服务环境保护及养护管理等相关的设施,其目的是保证行车安全、舒适、迅速与美观。

第二节　公路工程的施工过程

一、公路工程施工过程的组织原则

(一)施工过程的划分

施工过程就是生产建筑产品的过程,由一系列的施工活动组成。施工过程的基本内容主要是劳动过程,在某些情况下还包含自然过程,如混凝土硬化过程的养生、沥青路面的成型等。此时,施工过程就是劳动过程和自然过程的结合,是互相联系的劳动过程与自然过程的全部生产活动的总和。

根据各种劳动在性质上以及对产品所起的作用上的不同特点,可以将施工过程划分为以下几方面内容:

(1)施工准备过程。施工准备过程是指产品在投入生产前所进行的全部生产技术和生产现场的准备活动,如计划文件准备、交接桩、线路复测等。

(2)基本施工过程。基本施工过程是指直接为了完成产品而进行的生产活动,如挖基、砌基础等。

(3)辅助施工过程。辅助施工过程是指为保证基本施工过程的正常进行所必需的各种辅助生产活动,如机械设备维修、材料加工等。

(4)施工服务过程。施工服务过程是指为基本施工和辅助施工服务的各种服务过程,如原材料、半成品、工具、燃料的供应与运输等。

(二)施工过程的组成

组织公路工程的施工必须研究施工过程的组成,以适应施工组织、计划、管理等工作的需要。

按照现行的公路工程设计概预算文件编制办法,可以将公路工程划分为临时工程、路基、路面、桥涵、交叉工程、隧道、其他工程及沿线设施、管理养护服务房屋八个分项工程。各个分项工程又可以划分为若干个子目。如按工程性质与结构的不同,桥涵分项工程分为漫水工程、涵洞、小桥、中桥、大桥 5 个子目。对于独立大(中)桥工程,也相应划分为桥头引道、基础、下部构造、上部构造、沿线设施、调治及其他工程和临时工程七个分项工程,各分项工程再细分若干个子目。公路工程施工过程是由上述的项和目、节组成的。

施工组织与管理工作,按上述项目可以做总体安排,但更多情况下还要进一步划分。从施工组织的需要出发,公路工程施工过程原则上可依次划分为如下过程:

(1)动作与操作。动作是指工人在劳动时一次完成的最基本的活动,若干个相互关联的动作组成操作。完成一个动作所耗用的时间和占用的空间是制定定额的重要原始资料。

(2)工序。工序是指在劳动组织上不可分开,而在操作上属于同一类的施工过程。从施工工艺流程看,工序在工作地点、施工工具、施工机械和施工材料等方面均不发生变化,若其中一项有了改变,则意味着从一道工序转入另一道工序。如在钢筋的制作与绑扎过程中,当钢筋调直后便开始除锈,这时钢筋工放下调直工具,拿起钢丝刷,就表示已由调直钢筋工序转入除锈工序。施工组织往往以工序为最基本对象。

(3)施工段。施工段是由几个在技术上相互关联的工序所组成的,是可以相对独立完成的某一种细部工程或分部分项工程的独立过程,如整个路基工程、路面工程、桥梁基础工程等。

(4)综合过程。综合过程是由若干个在产品结构上密切联系的,能最终获得一种产品的施工过程的总和,如一座独立桥梁、一条隧道、一个路线工程等。

以上划分,是因工程性质及施工对象的复杂程度而异,并无统一划分的规定,要根据是否有利于科学地进行施工组织与管理而定。

(三)施工过程的逻辑关系

想要保证施工过程的协调性,就需要保证各施工过程的合理顺序。施工过程的各项工作之间的先后顺序关系叫逻辑关系,按其逻辑关系的特点可分为工艺关系和组织关系。

(1)工艺关系。工艺关系是指在现有的技术和工作程序条件下,同一施工段的相邻两个工作必须遵守的先后施工顺序。生产性相邻的两个工作之间的先后施工顺序是由工艺过程决定的,受生产力水平制约,具有客观性;非生产性工作之间的先后施工顺序是由工作程序决定的。

(2)组织关系。组织关系是指在现有的管理水平下,由于工期和资源

(人力、物力、财力)的限制,各项工作之间确定的施工作业方式。它受管理水平、工期和资源制约,具有主观性。

(四)施工过程的组织原则

影响施工过程组织的因素很多,如施工性质、施工生产类型、建筑产品结构、材料及半成品性质、机械设备条件、自然条件等,使施工过程的组织变化较多、困难较大。因此,科学合理地组织施工过程显得尤为重要,其组织原则可归纳为以下几方面:

(1)施工过程的连续性。连续性是指产品在施工过程中的各阶段、各工序在时间上是紧密衔接的,不发生各种不合理的停滞现象,表现为劳动对象始终处于被加工状态,或者在进行检验,或者处于自然过程中。保持和提高施工过程的连续性,可以缩短建设周期,减少再制品数量,节省流动资金,可以避免产品在停放等待时可能引起的损失,对提高劳动生产率及节省造价具有很重要的意义。

(2)施工过程的协调性。施工过程的协调性也叫比例性,是指产品在施工各阶段、各工序之间,在施工能力上要保持一定的比例关系,各施工环节的工人数、生产率、设备数量等都必须互相协调,不能发生脱节和比例失调现象。协调性是保证施工顺利进行的前提,可使施工过程中人力和设备得到充分利用,避免产品在各个施工阶段和工序之间的停顿和等待,从而缩短施工周期。施工过程的协调性在很大程度上取决于施工组织设计的正确性。

(3)施工过程的均衡性。施工过程的均衡性又称节奏性,是指企业的各个施工环节都按照施工生产计划的要求,工作负荷保持相对稳定,不发生时松时紧、前松后紧等现象。均衡施工能充分利用设备和工时,避免因突击赶工造成的各种损失,有利于保证施工质量和降低成本,有利于劳动力和机械的调配。

(4)施工过程的经济性。施工过程的组织除满足技术要求外,还必须讲究经济效益。上述施工过程的连续性、协调性和均衡性,最终都要通过经济效果集中反映出来。

上述四个方面是相互制约、互为条件的,在进行施工组织时必须保证全面符合上述四个方面的要求,不可偏重某一方。

二、公路工程施工过程的时间组织

(一)施工过程的作业方式

在公路施工生产中,施工队(班组)对施工对象的施工作业方式一般可分为顺序(依次)作业法、平行作业法和流水作业法三种基本施工方式,也称组织方式。

1.顺序作业

顺序作业是只组织一个施工队,按工艺流程和施工程序,该队完成所有施工段上的工作。顺序作业方式具有以下特点:

(1)优点。①单位时间内投入的劳动力、施工机具、施工材料等资源量较少,有利于资源供应的组织;②施工现场的组织、管理比较简单。

(2)缺点。①没有充分地利用工作面进行施工,工期长;②如果由一个施工队完成全部施工任务,则不能实现专业化施工,不利于提高劳动生产率和工程质量;③如果按专业成立施工队,则各专业施工队不能连续作业,有时间间歇,劳动力及施工机具等资源无法均衡使用。

2.平行作业

平行作业是组织几个劳动组织相同的独立施工队,在同一时间、不同的空间按工艺关系和组织关系要求完成各项工作。平行作业方式具有以下特点:

(1)优点。充分地利用工作面进行施工,工期短。

(2)缺点。①如果每一个施工段的每项工作均成立专业队,则各专业队不能连续作业,劳动力及施工机具等资源无法均衡使用;②如果由一个工作队完成一个施工段的全部施工任务,则不能实现专业化施工,不利于提高劳动生产率和工程质量;③单位时间内投入的劳动力、施工机具、材料等资源量成倍增加,不利于资源供应的组织;④施工现场的组织管理比较复杂。

3.流水作业

流水作业是将拟建施工项目中的每一个施工对象分解为若干个工作并按照工作成立相应的专业队,各专业队按照施工顺序依次完成各施工对象的施工过程,同时保证施工在时间和空间上连续、均衡和有节奏地进行,使相邻两个专业队能最大限度地搭接作业。流水作业方式具有以下特点:

（1）科学地利用了工作面,使各道工序紧凑地进行施工,施工队依次转移,减少了停工和窝工现象的产生,加快了进度,计算总工期比较合理。

（2）实现了专业化作业,为工人提高技术水平和技术改造、革新创造了有利条件,更好地保证了工程质量,从而提高了劳动生产率。

（3）实现了连续作业,相邻的专业队之间实现了最大限度的合理搭接。

（4）单位时间投入施工的资源量较为均衡,有利于资源供应的组织工作。

（5）为文明施工和进行现场的科学管理创造了有利条件。

（二）作业方式的综合运用

顺序作业法、平行作业法、流水作业法在生产过程中不仅可以单独运用,而且还可以根据具体条件将三种基本作业方式加以综合运用,从而形成平行流水作业法、平行顺序作业法及立体交叉平行流水作业法。这些施工过程时间组织的综合形式,一般均能取得较明显的经济效果。

（1）平行流水作业法。在平行作业法的基础上,按照流水作业法的原则组织施工,以达到适当缩短工期,使劳动力、材料、机具需要量保持均衡的目的。

（2）平行顺序作业法。平行顺序作业法的实质是用增加施工力量的方法来达到缩短工期的目的。它使顺序作业法和平行作业法的缺点更加突出,所以仅适用于突击性施工情况。

（3）立体交叉平行流水作业法。立体交叉平行流水作业法是在平行流水作业法的基础上,采用上、下、左、右全面施工的方法。它可以充分利用工作面来有效地缩短工期,一般适用于工序繁多、工程特别集中的大型构造物的施工,如大桥、隧道等工程量大、工作面狭窄、工期短的情况。

（三）流水施工的技术经济效果

通过比较三种施工方式可以看出,流水作业法是一种先进的、科学的施工方式。由于其在工艺过程划分、时间安排和空间布置上进行统筹安排,可体现出优越的技术经济效果。

（1）施工工期较短,可以尽早发挥投资效益。由于流水施工的节奏性、连续性,可以加快各专业队的施工进度,减少时间间隔。特别是相邻专业队在开工时间上可以最大限度地进行搭接,充分地利用工作面,做到尽可能早地开始工作,从而达到缩短工期的目的,使工程尽快交付使用或投产,尽早获得经济效益和社会效益。

（2）实现专业化生产，可以提高施工技术水平和劳动生产率。由于流水施工方式建立了合理的劳动组织，使各工作队实现了专业化生产，工人连续作业，操作熟练，便于不断改进操作方法和施工机具，就可以不断提高施工技术水平和劳动生产率。

（3）连续施工，可以充分发挥施工机械和劳动力的生产效率。由于流水施工组织合理，工人连续作业，没有窝工现象，机械闲置时间少，增加了有效劳动时间，从而使施工机械和劳动力的生产率得以充分发挥。

（4）提高工程质量，可以增加建设工程的使用寿命和节约使用过程中的维修费用。由于流水施工实现了专业化生产，工人技术水平高，而且各专业队之间紧密地搭接作业可以互相监督，使工程质量得到提高，因而可以延长建设工程的使用寿命，同时可以减少建设工程使用过程中的维修费用。

（5）降低工程成本，可以提高承包单位的经济效益。资源消耗均衡，便于组织资源供应，使得资源储存合理、利用充分，从而减少各种不必要的损失，节约材料费；生产率高，可以节约人工费和机械使用费。降低了施工高峰人数，使材料、设备得到合理供应，可以减少临时设施工程费；工期较短，可以减少企业管理费。

第三节　公路工程的施工设计

一、公路工程的施工方案

施工方案的选择是决定整个工程全局的关键，施工方案一经确定，则整个工程施工的进程、人力及机械的需要和布置、工程质量、施工安全、工程成本、现场的状况等也就随之被确定下来。施工组织的各个方面都无一不与施工方案发生联系而受到重大影响，施工方案的优劣在很大程度上决定了施工组织设计的质量和施工时任务完成的好坏。

选择施工方案的基本要求是：科学合理；组织严密；实用性强；施工期限满足业主要求；确保工程质量和施工安全；工料机消耗和施工费用最低。

工程施工方案主要包括技术方面（施工方法的制定、施工机具的选择）和组织方面（施工顺序的安排、流水施工的组织）的内容。

（一）施工方法的确定

工程的各个施工过程均可以采用不同的方法进行施工。凡是采用新技术、新工艺、新材料、新设备和对本工程的施工质量起关键作用的项目，或技术复杂、工人操作不熟练的工序，在施工方案中要详细说明施工方法和技术措施，必要时单独编制施工作业设计指导书；对于常见的一般结构形式，或工人已熟练掌握的常规做法，则可不必详述。

在拟定工程施工方法的同时，要明确指出该施工项目的质量标准及确保质量和安全的措施。

施工方法的确定取决于工程特点、工期要求、施工条件、质量要求等因素，所以各种不同类型工程的施工方法有很大差异。对于同一种工程，其施工作业方法也有多种可供选择，例如，路基填土拌和时可采用路拌法和厂拌法两种；桥梁安装时可采用木扒杆、吊鱼法、架桥机或起重设备等多种方法。

（二）施工机具的选择

在机具的选择上，一般应以满足施工方法的需求为基本依据。在某种施工条件下，以选择施工机具为主来确定施工方法，所以在选择施工机具时，应注意以下几方面内容：

（1）在现有的或可能获得的机械中选择满足工程施工使用的机械。如果某种机械在各方面都比较适合，但是又不可能得到，则不能作为一个选择方案。

（2）所选择的机具必须满足施工的需要，要避免大机小用或性能范围大幅超过使用要求。

（3）在选择机具时，要考虑机械之间的互相配套，充分发挥主机械的生产率。如在土方工程施工中，用自卸汽车运输配合装载机装土时，自卸汽车的数量必须要保证装载机能连续不断地工作而不导致因等车停歇。同时，自卸汽车的容量也必须与装载机斗容量相匹配，以保证充分发挥装载机的效力。

（4）在选择施工机具时，要从全局出发，统筹考虑，不仅要考虑到在本工程或某分部工程施工中使用，而且还要考虑到同一现场上其他工程或其他分部分项工程是否也可以使用。

（三）施工顺序的安排

工程施工顺序具有一定的规律性，所以在工程施工中要认真研究和分析施工顺序的基本因素，制定出最佳的施工顺序。施工顺序安排的原则如下：

（1）符合工程施工工艺的要求，即工程项目各施工过程之间存在一定的工艺顺序关系。如在桩基础施工中，钻孔后要尽快地灌注混凝土，以防止塌孔，所以两道工序必须紧密衔接。

（2）遵从合理组织施工过程的基本原则，即符合施工过程的连续性、协调性、均衡性、经济性原则。

（3）考虑关键工程、重点工程、控制工程的合理施工顺序。如公路工程中的大桥、隧道、深堑等，如不在前期完工，可能导致后面其他工程不能施工（如无法运输材料、机具，工期太长，路面摊铺等），所以要集中力量，重点控制，重点安排。

（4）考虑施工质量的要求，在安排施工顺序时，要以确保施工质量作为前提条件，如果有影响工程质量的问题，要重新安排或者采取必要的技术措施以保证工程质量。

（5）使施工顺序、施工方法、施工机具相协调。例如，在钢筋混凝土梁体施工时，简支梁桥和连续梁桥的施工顺序显然不同，由于施工方法不同，所采用的机具设备不同，施工顺序也必然不同。

（6）考虑水文、地质、气候的影响。在安排施工顺序时，要充分考虑洪水、雨季、冬季、季风、不良地质地段等因素的影响。如路基施工一般应安排在雨季到来之前或雨季结束之后。

（7）考虑施工期、安全生产、环境、保护等要求，尽力使工期缩到最短。

二、施工进度计划的编制

（一）施工进度计划的作用

施工进度计划就是在既定施工方案的基础上，根据规定的工期和各种资源供应条件，按照施工过程的合理施工顺序及施工组织的原则，对全工地的所有工程项目进行时间上的安排。施工进度计划反映了工程从施工准备工作开始直至工程竣工为止的全部施工过程，反映了各分部分项工程及各工序之间的相互衔接关系。

施工进度计划的作用,在于确定各个施工项目及其主要工种工程的准备工作和全工地性工程的施工期限及其开工和竣工的日期,从而确定公路施工现场劳动力、材料、成品、半成品、施工机械的需要数量和调配情况,以及现场临时设施的数量、水电供应数量和能源、交通的需要数量等。施工进度计划的编制有助于领导部门抓住关键,统筹全局,合理布置人力、物力,正确指导施工生产活动的顺利进行;有利于工人群众明确目标,更好地发挥主动精神;有利于施工企业内部及时配合,协同作战。因此,正确地编制施工进度计划是保证各施工项目,以及整个建设工程按期交付使用、充分发挥投资效益、降低公路工程施工成本的重要条件。

(二)施工进度计划编制的依据

(1)工程的全部施工图纸及有关水文、地质、气象和其他技术经济资料。

(2)上级或合同规定的开工、竣工日期。

(3)主要工程的施工方案。

(4)劳动定额和机械使用定额。

(5)劳动力、机械设备供应情况。

(三)施工进度计划编制的步骤

(1)研究施工图纸和有关资料及施工条件。

(2)划分施工项目,计算实际工程数量。

(3)编制合理的施工顺序和选择施工方法。

(4)计算各施工过程的实际工作量(劳动量)。

(5)确定各施工过程的劳动力需求量(及工种)和机械台班数量及规格。

(6)设计与绘制施工进度图。

(7)检查、调整施工进度。

(四)施工进度图的主要形式

施工进度图通常以图表形式表示,主要形式有横道图、垂直图和网络图。

1.横道图

横道图由两大部分组成,左面部分是以分部分项工程为主要内容的表格,包括相应的工程量、定额和劳动量等计算依据;右面部分是指示图表,是由左面表格中的有关数据经计算得到的。指示图表用横向线条形象地表示出分部分项工程的施工进度,线的长短表示某施工持续时间;线的位置表示施工过程;线上的数字表示劳动力数量;线的不同符号表示作业队或施工段别,线段表示各施工阶段的工期和总工期,并综合反映各分部分项工程相互间的关系。

横道图比较简单、直观、易懂、容易编制,同时其缺点主要包括:①分项工程(或工序)的相互关系不明确;②施工日期和施工地点无法表示,只能用文字说明;③工程数量的实际分布情况不具体;④仅反映平均施工强度,它适用于绘制集中性工程进度图、材料供应计划图或作为辅助性的图示附在说明书内用来向施工单位下达任务。

2.垂直图

垂直图的表示特点是以纵坐标表示施工日期,以横坐标表示里程或工程位置,而各分部分项工程的施工进度则相应地用不同的斜线表示。工程量在图表上方相应的位置表示,施工组织平面示意图可在图表的下方相应地方表示,资源分布图可在图表右侧以曲线表示。

垂直图的优点是:弥补了横道图的某些不足,工程项目的相互关系、施工的紧凑程度和施工速度都十分清楚,工程的分布情况和施工日期一目了然,从图中可以直接找出任何一天各施工队的施工地点和应完成的工程数量。但其仍有一些不足之处:①反映不出某项工作提前(或推迟)完成对整个计划的影响程度;②反映不出哪些工程是主要的,哪些工程是次要的,不能明确表达出哪些是关键工作;③计划安排的优劣程度很难评价;④不能使用电子计算机,因此绘制和修改进度图的工作量很大。

3.网络图

网络图与横道图、垂直图相比,不但能反映施工进度,而且能更清楚地反映出各个工序、各施工项目之间错综复杂的相互联系、相互制约的生产和协作关系。无论是集中性工程,还是线性工程,都可以用网络图表示工程进度,因此这是一种比较先进的工程进度图的表示形式,应大力推广使用。

三、资源供应计划的编制

工程项目资源供应计划是在确定施工方案及施工进度的基础上进行编制的。资源供应计划必须满足保证施工方案、施工进度的实施和发包方要求。

（一）资源供应计划的作用

资源的供应计划，可作为有关职能部门按计划调配各种资源需要量的依据；有利于及时组织劳动力和物资的供应，以保证施工生产的顺利进行。

资源供应计划与施工成本有着密切的关系，特别是材料供应计划，编制时一定要满足施工时实际的需要，既要保证正常的施工需要，又要保证施工进度加快时的需要。资源供应计划编制的优劣与流动资金的周转率和利用率有直接的关系。

（二）资源供应计划的编制原则

(1) 必须遵守国家的法律、法规和各项规定。

(2) 按照国家各项物资管理政策和要求进行编制。

(3) 用科学的态度，实事求是地编制资源供应计划并应留有余地。

(4) 了解市场、掌握市场，按照市场规律编制资源供应计划。

(5) 编制资源供应计划，应尽量采用当地的资源，以减少运杂费，降低资源采购成本。

（三）资源供应计划的编制方法

(1) 收集基础资料，包括设计部门提供的工程项目设计资料、施工部门提供的施工组织设计资料、财务部门提供的计划年度资金、计划部门规定的主要资源材料消耗定额。

(2) 根据工程量和规定使用的劳动足额及要求的工期，计算完成工程所需的劳动力数量，计算过程中应考虑节假日、雨雪天和施工方法不同对劳动力数量产生的影响。

(3) 确定计划年度主要工程材料的储备定额，根据完成的工程量和所选用材料消耗定额来计算材料需要量。

(4) 结合施工方案，确定选择机械配备的数量和种类，再根据工程量和机械时间定额，考虑施工所需各种机械的施工作业班制，进行各种施工机械台班需要量的计算。

（四）资源供应计划的编制程序

(1) 准备阶段。通过调查、研究收集上期的计划情况和本期计划的任务,调整储备定额的有关资料,以及新技术、新材料、新工艺的使用和市场变化的信息,经过分析加工,去伪存真。

(2)编制阶段。核算需要、确定储备、查清库存和可供安排的资源,进行物资计划的审查,避免漏项和人为的差错,使计划尽可能符合实际。

(3)执行阶段。不断检查计划的执行情况,发现问题及时调节处理。

四、施工平面图规划设计

施工平面图是对一个施工项目施工现场的平面规划和施工空间布置的具体成果。它是根据工程规模、特点和施工现场的条件,按照一定的设计原则,正确解决施工期间所需设置的各种临时工程和其他设施的合理位置关系。施工平面图是进行施工现场布置的依据和实现施工现场有组织、有计划地进行文明施工的先决条件,是施工组织设计的重要组成部分。

(一)施工平面图规划设计的依据

(1)有关设计资料包括工程总平面图、地形地貌图、区域规划图、建设项目范围内有关的一切已建和拟建的各种设施。

(2)建设地区的自然条件和经济条件。

(3)建设项目的建筑概况、施工进度计划和主要施工方案,以便了解各施工阶段情况,合理规划施工场地。

(4)各种材料、半成品的供应计划,施工机械和运输工具一览表及运输方式,以便规划工地内部的存放场地和运输路线。

(5)各类临时设施的性质、形式、面积和尺寸。

(6)各加工车间、场地规模和设备数量、位置。

(7)水源、电源资料。

(二)施工平面图规划设计的原则

施工场地平面图布置是一项系统工程,在很大程度上取决于施工现场的具体条件。它涉及的因素很广,不可能轻易获得令人满意的结果,必须通过方案的比较和必要的计算与分析才能决定。一般施工平面图规划设计应遵循下列原则:

(1)在保证施工顺利进行的前提下,尽量减少使用施工用地,少占农田,使平面布置紧凑合理。

（2）合理组织运输，力求材料直达工地，减少二次搬运和场内的搬运距离，并将笨重的和大型的预制构件或材料设置在使用点附近。所有货物的运输量和起重量必须减至最小，保证运输方便、顺畅、经济。

（3）所有临时性建筑和运输线路的布置，必须便于为基本工作服务，并且不得妨碍地面和地下建筑物的施工，还应充分利用各种永久性建筑物、构筑物和原有设施，降低临时设施的费用。

（4）加工等附属企业基地应尽可能设在原料产地或运输集汇点（如车站、码头）。

（5）附属企业内部的布置应以生产工艺流程为依据，并有利于生产的连续性。

（6）应符合安全防火和劳动保护的要求，要采取有力措施避免自然灾害的发生。

（7）各种生产生活设施应便于工人的生产和文化生活，施工管理机构的位置必须有利于全面指挥。

（8）场地布置应与施工进度、施工方法、工艺流程和机械设备相适应，尽量减少专业工种和工程之间的干扰。

（三）施工平面图规划设计的步骤

（1）分析有关调查资料。

（2）合理确定起重、吊装、运输机械的布置（它直接影响仓库、料场、半成品制备场的位置和水电线路以及道路的布置）。

（3）确定混凝土、沥青混凝土搅拌站的位置。

（4）考虑各种材料、半成品的合理堆放。

（5）布置水电线路。

（6）确定各临时设施的布置和尺寸。

（7）决定临时道路的位置、长度和标准。

（四）施工平面图类型与主要内容

1.施工总平面图

施工总平面图是以整个工程为对象的施工平面布置方案；道路工程施工总平面图应包括以下内容：

（1）原有河流、居民点、交通路线（公路、铁路、大车道等）、车站、码头、通信、运输点等及工地附近与施工有关的建筑物。

（2）施工用地范围和工程主要项目，沿路线里程的大中桥、隧道、渡口、交叉口、集中土石方等位置及道班房、加油站等运输管理服务建筑物位置。

（3）将施工组织设计的成果，如采料场、附属工厂和基地、仓库、临时动力站（如抽水站、发电所、供热站等）、临时便道、便桥、电源线路、变压器位置及大型机械设备的停放、维修厂直接标在图上。

（4）施工管理机构，如工程局、工程处、施工队及工程指挥系统的驻地。

（5）其他与施工有关的内容，如地质不良地段、国家测量标志、气象台、水文站，以及防洪、防风、防火、安全设施等需要表示的内容。

2.单项工程与分部分项工程的施工平面图

单项工程与分部分项工程的平面图布置有两种情况：一种是在施工总平面图的控制下进行布置；另一种是以施工总平面图为依据，即基本上按照施工总平面图的有关内容进行布置，但无论哪一种，都应比施工总平面图更深入、具体。

（1）重点工程施工场地布置图。一般说来，大桥、隧道、立交枢纽等都是重点工程，其施工场地布置图应在有等高线的地形图上按比例绘制。图上应详细绘出施工现场、辅助生产生活等区域的布置情况，绘出原有地物情况。

（2）其他单项局部平面布置图。对于大型项目，因施工周期长，管理工作量大，附属、辅助企业多，必要时应绘制其他单项局部平面布置图。主要类型包括：①沿线砂石料场平面布置图；②大型附属企业如沥青混合料拌和厂、预制构件厂、主要材料加工厂（木工厂、机修厂）等平面布置图；③临时供水、供电、供热基地及管线分布平面图；④主要施工管理机构的平面布置图。

第二章　公路工程施工的组织管理

第一节　公路工程施工的成本管理

一、公路施工成本的关系、内容及变更

施工项目的成本管理是根据施工企业总体目标和工程项目的具体要求,在工程项目实施过程中,对工程项目的成本进行有效的组织、实施、控制、跟踪、分析和考核的管理活动。加强工程项目成本管理有助于实现目标利润、提高成本管理水平、降低工程成本、创造良好的经济效益,是公路施工企业积蓄财力、增强企业竞争力的途径。

(一)各类成本的关系

在市场竞争条件下,每个企业的管理水平和技术水平不同,企业不可能完全按国家预算定额编制工程投标。对于施工项目而言,主要涉及预算成本、责任成本、目标成本和实际成本。

(1)预算成本。预算成本是根据全国或地区制定的预算定额并按统一规定的编制方法计算的工程成本。预算成本不仅包括间接费用,还包括管理费用和财务费用,属于工程完全成本。在市场竞争情况下,预算成本还包括经营风险和市场风险。

(2)责任成本。施工项目责任成本是指企业承揽了施工项目以后,向项目部下达的项目成本。责任成本应综合考虑市场因素、企业现状,根据企业的消耗定额和预算成本来确定,是建立企业层控制项目责任体系的成本基础。

(3)目标成本。项目部应把项目成本可能包含的各种因素弄清楚,以责任成本为依据确定项目的目标成本,而不是照搬项目目标成本,这样利于对

项目实际成本的控制。通常,项目部在对责任成本和预算成本进行详细分析之后,找出成本控制中可能的难点并确定关键控制点,把成本计划尽可能地按时间和分部分项工程细化,对施工方案和技术措施做进一步分析,制定详细的成本控制措施。

(4)实际成本。实际成本是项目部成本管理的实际成果。实际成本同责任成本相比,可以反映出项目成本的控制水平,也是兑现奖惩的依据;实际成本同目标成本相比,也可以反映出项目部的成本控制水平,据此可总结成本预测和成本控制的经验教训。

(二)公路工程项目成本管理的内容

项目施工成本管理的程序是指从成本估算开始,经过编制成本计划、采取降低成本的措施、进行成本控制、直到成本核算与分析为止的一系列管理工作步骤。成本管理是企业为降低建筑产品的成本,而对成本的计划、控制、分析等进行的各项管理工作的总称,具体内容如下:

(1)确保项目的目标成本,为编制标书报价提供依据,尽量为中标创造条件。

(2)在中标价格的基础上,编制施工项目成本计划。

(3)参与制定施工项目目标成本保证体系,协调项目部的各有关人员解决项目目标成本在实施过程中出现的问题。

(4)开展项目目标成本管理活动,设计出项目施工的"成本方案",使项目成本总目标落到实处,包括目标分解、提出阶段性目标、实施目标检查、考核和控制等。

(5)向项目部有关部门提供成本控制所需要的成本信息。

(6)计算出成本超支额,调查引起超支的原因,并提出应采取纠正措施的建议和方法。

(7)对成本进行预测,按项目经理要求,定期提出项目的成本预测报告,监视项目成本变化情况,并及时将影响成本的重大因素向项目经理报告。

(8)对施工项目的变更情况做出完整记录,对替换设计方案提出快速、准确的成本估算,并与索赔工程师商定索赔方案。

(9)向企业和信息中心反馈成本信息并存储。

(10)对项目经理部各个部门的成本目标进行考核。

（三）公路工程项目的变更与成本控制

项目施工中,如果业主要求发生变化、设计有错误或缺陷、自然条件发生变化或有不可抗力的出现,可能会影响项目设计或施工方案的变化,从而导致施工费用的增加、工期的延误,就会发生合同变更。当发生合同变更时,应正确做好合同变更部分的估价,准确确定费用的承担者,合理组织变更部分的施工。

如果施工项目的构造、位置发生重大变更,应先办理合同变更手续或增补合同协议,按协议价格和成本价格修改施工进度计划和成本计划;若工程中的小变更发生时,则根据每次的变更文件确定工期的增减量和费用的增减额;如果设计变更直接引起合同变更,则应按设计变更规定的情况处理;根据合同法的规定和惯例,业主提出变更,相应费用由业主承担,不可抗力造成的变更要根据相关规定办理;当工程量合同变更内容增减超过一定比例时,承包商可以要求调整合同价格。

二、公路工程施工项目成本预测与计划

（一）公路工程施工项目成本预测

成本预测是在成本发生之前根据成本预计的各种变化情况,测算成本的降低幅度、确定降低成本的目标。

1. 降低成本目标的确定

公路项目目标成本可用以下公式确定:

工程项目目标成本＝工程项目预算收入－税金－项目计划利润

工程项目降低成本目标可用成本降低率表示,成本降低率可用以下公式确定:

$$成本降低率 = \frac{工程项目预算成本 - 工程项目目标成本}{工程项目预算成本} \times 100\%$$

上述两式中,工程项目预算收入是工程中标标价或承包合同确定的价格。项目计划利润包括工程法定利润和工程预计利润。其中,工程预计利润根据企业经营目标中的利润目标来确定,工程项目目标成本可根据盈亏平衡分析的基本原理来确定。

2. 成本的降低途径

降低成本一般通过以下途径来实现：

(1)改进施工工艺,合理组织施工。施工过程中的劳动力消耗、材料消耗、机械台班消耗及费用支出,很大程度上是由施工方案和施工组织设计水平控制的。要保证施工方案和施工组织设计的合理性,应尽可能多地提出方案,并对各方案认真研究,进行多方案比较。

(2)提高劳动生产效率,节约开支。提高劳动生产率可以实现以一定的劳动消耗完成较多的工程量。

(3)节约材料费用。节约材料费用应从量差和价差两方面着手,即从订货、采购、运输、入库验收、仓库管理、集中加工、合理下料、节约代用、回收利用到综合利用各环节严格控制。

(4)节约机械使用费。合理配备施工机械,加强机械设备的维修保养,提高机械设备的利用率,降低机械使用台班费,科学做出设备购置与租赁的选择。

(5)保证施工质量,减少返工损失。实行全面质量管理,减少和防止不合格品、废品损失和返工损失。

(6)加强安全管理。杜绝安全事故,减少事故损失。

(7)节约施工现场管理费用。公路工程项目涉及面广,协作关系复杂,在施工管理过程中,应量力而为、精打细算、节约开支,实行指标分层管理,从而提高管理效率、压缩编制,避免人浮于事的现象。

(二)公路工程施工项目成本计划

施工项目成本计划即是费用开支计划。成本计划是费用开支的最高限额,设定时要遵循有效控制工程成本的原则。施工项目成本计划主要包括以下内容:

(1)材料成本控制计划。材料成本控制按投标报价计算的单位估价表中的材料用量汇总统计。由于材料一般是分批购买的,可将实际发生的单价及总价多列出几栏,以便在控制过程中根据实际情况登记和调整。

(2)设备成本控制计划。设备成本控制计划和材料成本控制计划基本相同。

(3)劳务费成本控制计划。劳务费可按投标报价计算中的劳务数量进行估计,劳务来源和工资等各项成本费用应按实际情况核算。控制劳务费用的主要措施是合理安排进场和退场人员的时间,避免发生窝工现象,减少辅助生产人员、提高工效、降低劳务成本等。

(4)临时工程费用成本控制计划。根据施工组织设计中临时工程项目内容编制计划,因工程规模和工期长短不同而不同,工程费用的区别很大。例如:工期较长的工程,合理安排各类工人进场和退场时间,可以最大限度地利用工人的住宿营地,以减少临时建筑的建筑面积。

(5)管理费用成本控制计划。在投资估算时,管理费用估算比较粗略,签订合同后,可详细分项估算,编制出比较接近现实的控制计划。

项目成本计划除按上述工程成本计划的编制方式编制外,还应将各类成本计划详细深入地编制各分部、分项工程的成本计划,并按工程成本的分类,将工程成本统一分类、编码,以便成本计划与今后的成本控制和成本核算时相互对应。

三、公路工程施工项目成本控制与核算

(一)公路工程施工项目成本控制

成本控制是指在工程项目施工过程中,对工程成本的形成进行监督,并及时纠正,使工程成本限制在计划范围内,以实现工程成本的目标。

1.公路工程施工项目成本控制方面

在进行工程项目成本控制时,应把握以下方面:

(1)掌握标准。只有在确定了成本控制的目标和标准后,各职能部门、生产岗位和职工才能依据成本进行控制。掌握标准,要严格按照标准办事,实事求是,如实反映情况,对变化作具体分析,并制定灵活的对策。

(2)分析差异。在施工过程中,由于各种原因使得实际发生的成本数额与预定的目标成本不一致。这些差异反映了各部门、岗位的工作质量和效果,应及时对成本进行分析,研究节约或超支的各种原因及对完成成本计划的影响。

(3)调整偏差。对有成本差异的情况,分析原因,并向相关管理人员汇报,提供成本差异信息,以便及时对原有不切合实际的成本进行调整或修改。

2.公路工程施工项目成本控制的内容

(1)事前控制。事前控制要做好成本预测和成本计划的编制工作,即做

到"算了再干"。

（2）事中（过程）控制。做好过程控制，就要确定成本控制的对象和注意项目施工过程中的成本控制。

（3）事后（回馈性）控制。在项目实施完，如若与计划发生偏差，则要采取控制程序，改正问题。

3.公路工程施工项目成本控制的对象

成本控制贯穿于施工项目的各个阶段。其中，在工程投标阶段，施工单位应根据工程概况和招标文件，对项目成本进行预测，提出投标决策的意见。在施工准备阶段，应结合设计图纸的自审、会审和其他资料，编制施工组织设计，通过多方案的技术经济比较，从中选择经济合理、先进可行的施工方案，编制具体的成本计划，对项目成本进行事前控制。在施工阶段，应以施工图预算、施工预算、劳动定额、材料消耗定额和费用开支标准等，对实际发生的成本费用进行控制。在竣工交付使用和保修期阶段，应对竣工验收过程发生的费用和保修费用进行控制。成本控制的具体内容是日常发生的各种费用和损失，这些费用和损失都发生在各个部门和生产班组，因此，在成本控制时，应以各部门、施工队和班组为成本控制对象，接受项目经理和相关部门的指导、监督、检查和考评。

4.公路工程施工项目成本控制的方法

项目成本控制的方法很多，但这些方法需要满足质量、工期、安全的要求，且能够达到成本控制的目的。因此，需要根据不同的情况，选择与之相适应的控制手段和控制方法。一般来说，公路工程项目成本控制常选用价值工程与赢得值法。

价值工程的目标是以最低的寿命周期为成本，使产品具备它所必须具备的功能。其核心是对产品进行功能分析。价值工程强调不断改革和创新，开拓新构思、新途径，获得新方案，创造新功能载体，从而简化产品结构，节约原材料，提高产品的技术经济效益，是以集体智慧开展的有计划、有组织的管理活动，价值工程工作程序的详细步骤为：对象的确定→收集情报→功能定义→功能整理→功能评价→确定对象范围→创造→概论评价→具体化调查→详细评价→提案。这些具体步骤可以概括为三个阶段（准备阶段→分析阶段→综合评价阶段）和三个基本步骤（功能定义→功能评价→制定改进方案）。

在项目成本控制中，应用价值工程可以分析功能与成本的关系，提高项目的价值系数。同时,通过价值分析来发现并消除工程设计中的不必要功能,达到降低成本、降低投资的目的。结合价值工程活动,制定技术先进、经济合理的施工方案,实现项目成本控制。具体的运用步骤如下:

第一,通过价值工程活动,进行技术经济分析,确定最佳施工方法。

第二,结合施工方法,进行材料使用的比选,在满足功能要求的前提下,通过代用、改变配合比、使用添加剂等方法降低材料消耗。

第三,结合施工方法,进行机械设备选型,确定最合适的机械设备的使用方案。如机械设备要选择功能相同、功能最高的机械;模板要联系结构特点在组合钢模、大钢模、滑模等中选择最合适的一种。

第四,通过价值工程活动,结合项目的施工组织设计和所在地的自然地理条件,对降低材料的库存成本和运输成本进行分析以确定最节约的材料采购方法和运输方案以及合理的材料储备。

(二)公路工程施工项目成本核算

成本核算就是记录、汇总和计算工程项目各项费用的支出,核算工程实际成本。搞好成本核算,可以划清工程成本与其他费用开支的界限。项目经理部应根据财务制度和会计制度的有关规定,建立项目成本核算制,明确项目成本核算的原则、范围、程序、方法、内容、责任及要求,并设置核算台账,记录原始数据。

项目成本核算是公路工程施工企业成本管理一个极其重要的环节。认真做好成本核算工作,对于加强成本管理、促进增产节约、发展企业生产都有着重要的作用。

由于公路工程具有固定性、地域性、规模庞大、价值巨大等不同于其他工程的特点,所以公路产品的成本核算内容繁杂、周期长;需要全员共同完成;在项目总分包制条件下,对分包商的实际成本很难把握;数据处理工作量大,应充分利用计算机,使核算工作程序化、标准化。

1. 公路工程施工项目成本核算的原则

公路工程项目成本核算应遵循以下原则:

(1)遵守成本开支范围,正确划分应计入工程成本费用的原则。成本开支范围是指建设企业在生产经营过程中发生的各项费用,在成本中列支的项目、内容、界限。成本开支范围由国家统一规定。

(2)专业核算与群众核算相结合的原则。企业的成本是一项综合性指标,企业的成本核算是一项群众性的工作,必须有全体职工参加,在共同的目标下,相互合作,才能搞好。

(3)根据实际完成工程量、实际消耗、实际价格,按照权责发生制核算工程成本的原则。即凡是当期成本应负担的费用,无论款项是否支付,均应计入当期成本;凡不属于当期成本负担的费用,即使款项已经支付,也不应计入当期成本。当期一次性支付或发生数额较大、受益期长的费用,可以作为待摊费用分期摊销。

2.公路工程施工项目成本核算的过程

成本核算的过程,实际上也是各成本项目的归集和分配的过程。成本的归集是指通过一定的会计制度,以有序的方式进行成本数据的搜集和汇总,而成本的分配是指将归集的间接成本分配给成本对象的过程,也称间接成本的分摊或分派。因此,对于不同性质的成本项目,分配的方法也不尽相同。

一般来说,根据费用产生的原因,工程直接费用在计算工程造价时可按定额和单位估价表直接列入,但是在项目多的单位工程施工情况下,实际发生时却有相当部分费用也需要通过分配方法计入。间接成本一般按一定标准分配计入成本核算对象。实行项目管理进行项目成本核算的单位,发生间接成本可以直接计入项目,但需分配计入单位工程。

3.公路工程施工项目成本核算的方法

(1)项目成本会计核算法。会计核算法是指建立在会计核算基础上,利用会计核算所独有的借贷记账法和收支全面核算的综合特点,按项目成本内容和收支范围,组织项目成本核算的方法。会计核算法主要是以传统的会计方法为主要手段,核算严密、逻辑性强、人为调节的可能因素较小、核算范围较大。

使用会计法核算项目成本时,项目成本直接在项目上进行核算称为直接核算,不直接在项目上进行核算的称为间接核算,介于直接核算与间接核算之间的是列账核算。

项目成本的直接核算是指项目除及时上报规定的工程成本核算资料外,还要直接进行项目施工的成本核算,编制会计报表,落实项目成本的盈亏。直接核算是将核算放在项目上,便于及时了解项目各项成本情况,也可以减少一些不必要的纷争。但这样每个项目都要配有专业水平和工作能力均较高的会计核算人员。因此,此种核算方式一般适用于大型项目。

项目成本的间接核算是指项目经理部不设置专职的会计核算部门,由项目有关人员按期、按规定的程序向财务部门提供成本核算资料,委托企业在本项目成本责任范围内进行项目成本核算,落实当期项目成本盈亏。企业在外地设立分公司的,一般由分公司组织会计核算。间接核算是将核算放在企业的财务部门,项目经理部不配备专职的会计核算部门,由项目有关人员按期与相应部门共同确定当期的项目成本收入。项目按规定的时间、程序和质量向财务部门提供成本核算资料,委托企业的财务部门在项目成本收支范围内,进行项目成本支出的核算,落实当期项目成本的盈亏。这样可以使会计专业人员相对集中,一个成本会计可以完成两个或两个以上的项目成本核算。但项目部了解成本情况不方便,项目对核算结论信任度不高;核算不在项目上进行,项目开展管理岗位成本责任核算,可能会失去人力支持和平台支持。

项目成本列账核算是介于直接核算和间接核算之间的一种方法。项目经理部组织相对直接核算,正规的核算资料留在企业的财务部门。项目每发生一笔业务,正规核算资料由财务部门审核存档后,与项目成本管理人员办理确认和签认手续。项目凭此列账通知作为核算凭证和项目成本收支的依据,对项目成本范围的各项收支,登记台账会计核算,编制项目成本及相关的报表。企业财务部门按期以确认资料,对其审核。列账核算法的正规资料在企业财务部门,方便档案保管,项目凭相关资料进行核算,有利于项目开展项目成本核算和项目岗位成本责任考核。但企业和项目要核算两次,相互之间往返较多,比较烦琐,一般适用于较大工程。

(2)项目成本表格核算法。表格核算法是建立在内部各项成本核算基础上,各要素部门和核算单位定期采集信息,填制相应的表格,并通过一系列的表格,形成项目成本核算体系,作为支撑项目成本核算平台的方法。

表格核算法要依靠众多部门和单位的支持,专业性要求不高。一系列表格由相关部门和相关要素单位提供,按有关规定填写、完成数据比较、数据考核和简单的核算。这种方法简洁明了,直观易懂,易于操作,实时性较好。但覆盖范围较窄,如核算债权债务等比较困难,较难实现科学、严密的审核制度,有可能造成数据失实,精度较差。

四、公路工程施工项目成本分析与考核

(一)公路工程施工项目成本分析

项目成本分析是指根据统计核算、业务核算和会计核算提供的资料,对

项目成本的形成过程和影响成本升降的因素进行分析,以寻求进一步降低成本的途径(包括项目成本中有利偏差的挖潜和不利偏差的纠正)。另外,通过成本分析,可从账簿、报表反映的成本现象看清成本的实质,从而增强项目成本的透明度和可控性,为加强成本控制、实现项目成本目标创造条件。因此,公路工程项目成本分析是降低成本、提高项目经济效益的重要手段之一。

1. 公路工程施工项目成本分析的原则

公路工程项目成本分析应遵循以下原则:

(1)实事求是的原则。在成本分析中,要有充分的事实依据,对事物进行实事求是的评价,要注意人为因素的干扰。

(2)用数据说话的原则。成本分析要充分利用统计核算和有关台账的数据进行定量分析,尽量避免抽象的定性分析。

(3)注重时效的原则。项目成本分析贯穿于项目成本管理的全过程。这就要求要及时进行成本分析,及时发现问题,及时纠正,否则就有可能贻误解决问题的最好时机,造成成本失控、效益流失。

(4)生产经营服务的原则。成本分析不仅要揭露矛盾,还要分析产生矛盾的原因,并提出积极有效的解决矛盾的合理化建议。这样,才能得到项目经理部有关部门和人员的积极支持与配合,使项目的成本分析顺利地进行下去。

2. 公路工程施工项目成本分析的内容

项目成本分析的内容就是对项目成本变动因素的分析。一般来说,公路工程项目成本分析的内容主要包括以下方面:

(1)人工费用水平的合理性。在实行管理层和作业层两层分离的情况下,项目施工需要的人工和人工费,由项目经理部与施工队签订劳务承包合同,明确承包范围、承包金额和双方的权利、义务。对项目经理部来说,除了按合同规定支付劳务费以外,还可能发生一些其他人工费支出,如因工程量增减而调整的人工和人工费,定额人工以外的钟点工工资,对在进度、质量、节约、文明施工等方面做出贡献的班组和个人进行奖励的费用等。项目经理部应分析人工费的合理性,既不能过高,又不能过低。如果人工费过高,就会增加工程项目的成本,而人工费过低,工人的积极性不高,工程质量就有可能得不到保证。

(2)材料、能源利用效果。材料、能源利用的效果及其价格水平是影响产品成本升降的重要因素,材料、能源消耗定额的高低直接影响材料、燃料成本的升降。因此,在项目成本分析时,应注意考察材料、能源利用的效果。

(3)机械设备的利用效果。施工企业的机械设备有自有和租用两种。在机械设备的租用过程中,存在着两种情况:一是按产量进行承包,并按完成产量计算费用的,如土方工程,项目经理部只要按实际挖掘的土方工程量结算挖土费用,而不必过问挖土机械的完好程度和利用程度;二是按使用时间(台班)计算机械费用的,如塔吊、搅拌机、砂浆机等,如果机械完好率差或在使用中调度不当,则必然会影响机械的利用率,从而延长使用时间,增加使用费用,项目经理部应对其机械的完好率和利用率给予一定的重视。自有机械如果停用,则仍要负担固定费用。因此,项目经理部应对其利用率同样给予一定的重视。

(4)施工质量水平的高低。施工质量水平的高低也是影响项目成本的主要因素之一。因为对施工企业来说,提高工程项目质量水平就可以降低施工中的故障成本,减少未达到质量标准而发生的一切损失费用,但这也意味着为保证和提高项目质量而支出的费用就会增加。

(5)其他影响因素。其他影响项目成本变动的因素,包括除上述四项以外的措施费用以及为施工准备、组织施工和管理所需要的费用,这些费用对工程成本也有一定的影响。

3.公路工程施工项目成本分析的方法

(1)比较法。比较法又称指标对比分析法,是通过技术经济指标的对比,检查目标的完成情况,分析产生差异的原因,进而挖掘内部潜力的方法。这种方法具有通俗易懂、简单易行、便于掌握的特点,因而得到了广泛的应用,但在应用时必须注意各技术经济指标的可比性。

通常比较法有下列应用形式:

1)将实际指标与目标指标对比。以此检查目标的完成情况,分析影响目标完成的积极因素和消极因素,以便及时采取措施,保证成本目标的实现。在进行实际指标与目标指标对比时,还应注意目标本身有无问题。如果目标本身出现问题,则应调整目标,重新正确评价实际工作。

2)本期实际指标与上期实际指标对比。通过这种对比,可以看出各项技术经济指标的变动情况,反映施工管理水平的提高程度。

3)与本行业平均水平、先进水平对比。通过这种对比,可以反映出本项目的技术管理和经济管理与行业的平均水平和先进水平的差距,进而采取措施赶超先进水平。

（2）因素分析法。因素分析法又称连环代替法，可用来分析各种因素对成本的影响程度。在进行分析时，首先要假定众多因素中的一个因素发生了变化，而其他因素则不变，然后逐个替换，分别比较其计算结果，以确定各个因素的变化对成本的影响程度。因素分析法是把项目施工成本综合指标分解为各个项目联系的原始因素，以确定引起指标变动的各个因素的影响程度的一种成本费用分析方法，它可以衡量各项因素影响程度的大小，以便查明原因，明确主要问题所在，提出改进措施，从而达到降低成本的目的。

（3）差额分析法。差额分析法是因素分析法的一种简化形式，它利用各个因素的目标与实际的差额来计算其对成本的影响程度。

（4）比率法。比率法是指用两个以上的指标的比例进行分析的方法。它的基本特点是先把对比分析的数值变成相对数，再观察其相互之间的关系。常用的比率法有以下三种：

1）相关比率法。由于项目经济活动的各个方面是相互联系、相互依存、又相互影响的，因而可以将两个性质不同而又相关的指标加以对比，求出比率，并以此来考察经营成果的好坏。例如：产值与工资是两个不同的概念，但它们的关系又是投入与产出的关系。在一般情况下，都希望以最少的工资支出去完成最大的产值。因此，用产值工资率指标来考核人工费的支出水平，就很能说明问题。

2）构成比率法。构成比率法又称比重分析法或结构对比分析法。通过构成比率法，可以考察成本总量的构成情况及各成本项目占成本总量的比重，同时也可看出本、量、利的比例关系，从而为寻求降低成本的途径指明方向。

3）动态比率法。动态比率法就是将同类指标不同时期的数值进行对比，求出比率，用以分析该项指标的发展方向和发展速度。

（二）公路工程施工项目成本考核

成本考核是指定期审核成本计划指标的完成情况，确定成本超支或降低的程度，评价成本管理工作的成绩，据此衡量经营管理水平，考察项目经理部的经济责任，落实经济利益，调动项目施工人员节约耗费、降低成本的积极性，努力提高经济效益。

公路工程施工项目中的成本考核，应先根据施工项目汇编成本分析报告，综合分析成本完成情况，与预算成本、计划成本和上级下达的成本指标进行对比，并按成本各项目分析说明，节约和超支的主客观原因。在分析时,应突出论述左右成本的重大问题和采取技术组织措施对造成的浪费和节约情况进行重点分析。在分析的基础上,总结正反面经验和教训,有针对性地提出改进措施和建议,督促项目经理、责任部门和责任者更好地完成自己的责任成本,从而形成实现项目成本目标的层层保证体系。公路工程项目成本考核,可以分为两个层次:一是企业对项目经理的考核;二是项目经理对所属部门、施工队和班组的考核。

1. 企业对项目经理考核的内容

(1)项目成本目标和阶段成本目标的完成情况。

(2)以项目经理为核心的成本管理责任制的落实情况。

(3)成本计划的编制和落实情况。

(4)在成本管理中要贯彻责、权、利相结合原则的执行情况。

2. 项目经理对部门、作业队和班组考核的内容

(1)对各部门的考核内容有:①本部门、本岗位责任成本的完成情况;②本部门、本岗位成本管理责任的执行情况。

(2)对各作业队的考核内容有:①对劳务合同规定的承包范围和承包内容的执行情况;②对劳务合同以外的补充收费情况;③对班组施工任务单的管理情况,以及对班组完成施工任务后的考核情况。

(3)对生产班组的考核内容为以分部分项工程成本作为班组的责任成本,以施工任务单和限额领料单的结算资料为依据,与施工预算进行对比,考核班组责任成本的完成情况。

公路工程项目的成本考核,可分为月度考核、阶段考核和竣工考核三种。为贯彻责、权、利相结合的原则,应在项目成本考核的基础上,确定成本奖罚标准,并通过经济合同的形式明确规定,及时兑现。月度成本考核和阶段成本考核实施奖罚应留有余地,待项目竣工成本考核后再进行调整。

在确定公路工程项目成本考核奖罚标准时,必须从本项目的客观情况出发,既要考虑职工的利益,又要考虑项目成本的承受能力。具体的奖罚标准,应该经过认真测算后再确定。另外,项目成本考核奖罚的标准,应通过经济合同的形式明确规定。通过经济合同明确奖罚标准以后,职工群众就有了奋斗目标,因而也会在实现项目成本目标中发挥更积极的作用。

五、公路工程施工项目成本管理优化

(一)成本管理理念的更新

成本管理理念是指人们对成本管理有关问题的认识。在市场经济的条件下,企业作为竞争的主体,树立怎样的成本管理观念来支配企业的成本管理工作,是一个既有理论意义又有现实意义的问题。从公路施工企业的角度去考虑,公路施工项目仍然是施工企业的一个部分、一个成本中心。但由于公路建筑产品具有一次性和单件性的特点,因此无论是施工生产、资金运作,还是成本、效益的核算都具有一定的独立性。从工程项目中标开始,经过组织施工生产到工程竣工直至保修期满为止,整个运行过程都将影响其成本的变化。伴随着市场经济的发展,企业外部环境的变化不断向深度和广度扩展,而现代成本管理正是紧紧围绕影响成本变化的各个因素去实施运作的。因此,树立新的成本管理理念将是搞好成本管理工作的前提条件。

1.战略成本管理意识

战略是指重大的、全局的、长远性的谋划。战略成本管理是战略管理与企业成本管理相结合,旨在提高企业竞争优势的同时进行成本管理,是指管理人员运用专门的方法提供企业本身及其竞争对手的分析资料,帮助管理者形成和评价企业战略,从而创造竞争优势,以达到企业有效地适应外部持续变化的环境目的。我国现行成本管理的最大特征是:在进行成本管理的同时关注企业在市场中的竞争地位,并借助成本管理,使企业更有效地适应持续变化的外部环境。战略成本管理的范围一般包括价值链分析、战略定位和成本动因分析。

(1)价值链分析。任何企业的价值链都包括价值生产的整个过程。这个过程包括从最初的供应商手里得到原材料直到将最终产品送到客户手中的全过程。价值链分析是一种战略分析工具,它关注产品的整个价值链,包括行业价值链分析、企业内部价值链分析、竞争对手价值链分析三个方面的内容。战略定位分析就是要求对战略环境分析,确定应采取的战略,从而明确成本管理的方向,建立与企业战略相适应的成本管理战略。成本动因分析是要找出成本的驱动因素,以便对症下药,保证成本管理战略的有效性。公路施工项目价值链的分析可以从行业、竞争对手、公路施工企业及公路施工项目内部四个角度进行。

（2）战略定位。从战略的角度来讲，公路施工项目的战略定位应该归集到公路施工企业的战略定位中，因为公路施工项目始终只是公路施工企业的一个成本责任中心。公路施工企业应当根据自身的状况，来决定是采取成本领先战略还是差异化战略或集中战略。

对于业务范围遍及全国甚至国外的大型的公路施工企业，应考虑采取成本领先战略或成本差异化战略。因为大型公路企业下属若干子公司，资金实力雄厚，有足够的开发能力，项目分布范围广泛，可以充分发挥集团优势，形成规模经济效益；另外，为了更好地发展，也可以考虑建立自己的人工、物料供应渠道，减少流转环节，始终坚持成本领先地位。

对于业务范围仅限于某一地区的中、小型公路施工企业，采取集中战略较为恰当。由于各省、市、地区为了促进本地区的经济发展，对本地区各企业实行优惠政策，即所谓的地方保护政策。所以，地方中、小型的公路施工企业可以充分利用地方优势，将目标市场集中在某个固定的地区。

（3）成本动因分析。公路施工项目成本发生和形成的原因很多，应该从整个价值链的形成过程去研究和分析。从外部市场环境、供求状况，到项目内部管理；从项目经理到现场施工人员；从施工准备到竣工结算的全过程等各个环节都必须进行分析。分析成本发生的原因，挖掘出成本降低的潜力，不仅可以降低成本，还可以尽量避免不必要成本的发生。

综上所述，要想适应瞬息万变的外部市场环境，取得持续性的竞争优势，公路施工企业就必须站在战略的高度上去实施成本管理，从战略的角度来认识、分析价值链、成本动因问题，在许可的范围内，制定和实施项目的成本战略，并在此过程中引导项目走向成本最低化。

2. 以人为本的成本管理意识

现代的企业管理理论是以人的管理为中心，把员工的积极性充分调动起来，科学地组织起来，以高经济效益和社会效益为目的的整体管理方式。在项目管理和项目成本管理活动中，人是决定成本高低的关键因素，应始终以人为本，把人的因素放在中心位置，时刻把调动人的积极性放在主导位置。公路施工企业树立以人为本的成本管理意识，应主要从以下方面考虑：

（1）培养全员成本意识，实施全员参与的成本管理。全员参与的成本管理思想，强调依靠从内心深处激发每个员工的内在潜力、主动性和创造精神，从而使员工能够自己解决问题和持续改善作业，改进成本管理。在项目的各项活动中，人是主体，在成本发生和形成的过程中，人也是关键因素，因此，成本管理应以每个员工为起点来进行。所以必须向全体职工进行成本意识的宣传教育,培养全员成本意识,要求企业各级管理人员及全体员工充分认识到企业成本降低的潜力是巨大的,鼓励全员参与意识,变少数人的成本管理为全员的参与管理。

(2)充分调动职工成本管理的积极性。项目经理作为项目经理部的核心领导,应该起到带头作用,这样才能形成一个以项目经理为核心的成本管理体系,便于调动职工的积极性和主动性,便于大家共同为项目的成本管理献计献策。要鼓励和保护员工展开合理化建议和技术改进活动的积极性、创造性,更有效地利用和节约能源,降低消耗,采用新技术、新工艺、新材料,精打细算,精耕细作,为降低成本、提高效益做出贡献。另外,项目部还应该制定一系列的奖励办法来调动职工的积极性,共同参与成本管理。

(3)满足项目职工不同层次的需求,创造一个各尽所能的氛围,以充分发挥人的主观能动性。因为人的任何活动,归根到底都是为了满足自身的各种需求,所以项目部应该根据员工的不同需要,正确引导,主动营造一个能够发挥员工主动性的环境,激励每个员工各尽所能,并将其应用到项目的成本管理中。

3. 系统化管理的观念

由于长期受到传统经济观念的束缚,施工项目在成本管理中往往只注重施工过程的成本管理,而没有对成本进行系统的分析与研究,这种成本管理观念远远不能适应市场经济环境的要求。

在市场经济环境下,企业应树立成本的系统管理观念,将企业的成本管理视为一项系统工程,强调整体与全局,对企业成本管理的对象、内容、方法进行全方位的分析研究。凡是影响成本的一切因素,无论是技术、行政,还是党群管理等方面,都应纳入成本管理的范畴,都要进行成本与功能、成本与方案、成本与资源、成本与工艺、成本与质量、成本与规模、成本与体制机制、成本与市场竞争等的分析和研究,要求成本管理必须与生产经营的动态因素结合,从整体上把握总体成本管理的水平。

(1)施工项目对成本要进行全程管理,使其不再局限于施工过程中,而是对其从投标开始,到项目中标后的前期准备、施工过程、竣工验收、保修期内保养维修的整个过程的总体成本来全面考虑,使企业和项目始终保持强大的竞争力。同时,按照成本全过程管理的要求,对所有成本内容都应以严格、细致的科学手段进行管理,以增强产品在市场中的竞争力,使企业在激烈的市场竞争中立于不败之地。

(2)在市场经济条件下,项目成本管理的重心应由内部转向外部,由重生产管理转向重经营决策管理,既要充分了解相关技术的发展态势、掌握市场动态、对市场供求进行分析,又要研究分析各种决策成本。如相关成本、差量成本、机会成本、边际成本、付现成本、重置成本、可避免成本、可递延成本、未来成本等,从而有效地避免因决策失误给企业带来的巨大损失,为保证企业作出最优决策、获取最佳经济效益提供基础。

4. 效益驱动的成本观念

在市场经济环境下,经济效益始终是企业管理追求的首要目标,成本管理工作也应该树立成本效益观念,实现由传统的"节约、节省"观念向现代化经济效益观念转变。

公路施工项目作为施工企业的一个独立单元,也要具备现代化成本效益观念,尤其是在我国市场经济体制逐步完善的今天,更应该以市场需求为导向,通过提供质量尽可能高、功能尽可能完善的公路建筑产品,力求获得尽可能多的利润。因此,成本管理应与项目的整体经济效益直接联系起来,以一种新的认识观——效益驱动观念看待成本管理问题。

项目的一切成本管理活动应以效益驱动的观念作为支配思想,从"投入"与"产出"的对比分析来看待"投入"(成本)的必要性、合理性,即努力以尽可能少的成本付出,创造尽可能多的使用价值,为项目获取更多的经济效益。这里值得注意的是"尽可能少的成本付出"与"减少支出、降低成本"在概念上是有区别的。"尽可能少的成本付出"不仅是节省或减少成本支出,它是将项目总体效益最大化作为主要目标来实施成本管理工作的,同时也体现了成本管理的全局观念。

在项目施工过程中,有时对某分部分项工程的施工做些改进,使该分部分项工程的成本增加,但是却会使项目的总体成本降低,以提高项目的整体效益,那么这部分增加的成本是符合成本效益观念的。又如项目推广合理化建议,虽然要增加一定的费用开支,但是能使项目获取更好的效益。为充分论证决策备选方案的可行性及先进合理性而发生的费用开支,可保证决策的正确性,使项目获取最大的效益或避免可能发生的损失。这些费用的支出都是必需的。这种成本观念可以简单地说是"花钱的最终目的是为了省钱"。

总之,我们应该从效益出发来进行项目的日常成本管理活动,研究收益增减与成本增减的关系,以确定最有利于提高效益的成本预测和决策方案。

5. 科技驱动的成本管理观念

科技进步和技术创新是增强企业综合竞争力的决定性因素。随着科学技术的发展,成本管理正在从经验型走向科技型。降低成本的根本出路在于科技创新。为增强竞争力,企业必须加快科技创新的步伐,以提升企业的技术水平。随着市场经济体制的逐步完善,公路建设市场逐步实现规范化,公路施工行业内的竞争日益激烈,逐步迈进了"微利"的时期,公路施工企业已经不可能依靠较高的标价去获取利润。因此,科学时代的施工企业成本管理必将与施工生产、技术工艺、企业信誉等交融在一起,在改进技术、提高工艺、降低成本消耗的同时,又通过强化成本控制,提高经济效益来促进科技进步。

(1)重视施工方案的优化、工艺技术的创新、新材料的运用、设备技术的改进、员工素质的提高和采用计算机管理等措施,实现管理手段、方法的科学化,进而把降低成本与技术进步有机结合起来,由此形成了一个比较完整、系统、能够适应市场经济发展要求的现代成本管理体系。

(2)在实施成本管理时,要时刻以市场为导向,通过优化企业资源配置,把企业的各种生产要素有机结合起来,运用现代化科技方法和手段,建立以科技驱动为核心的成本管理体系,使企业生产组织更趋现代化,资源配置更加合理,从而加快企业从劳动密集型向技术型转变,并确定合理的组织结构、责任制度和完善的激励机制。

(二)成本管理方法的选择

1.作业成本法的应用

(1)作业成本计算的基本原理。作业成本计算的基本原理是:成本对象消耗作业,作业消耗资源。即成本对象引起作业需要,而作业需要又引起资源的需求。

用作业成本法计算产品成本时,需要将眼光从传统的产品上转移到作业上,以作业为核算对象。

首先,根据作业引起资源的消耗,将资源成本归集到作业。作业耗用资源的过程意味着成本发生,也就是说,作业是导致资源消耗的直接原因。

其次,根据作业动因把作业成本分配到成本对象,而成本对象耗用作业,这个过程意味着有作业的实施才形成具有价值的产出。用成本归集与分配的术语来说,资源价值由于作业的需要而归集到作业上。由于产出需要作业的消耗,才将作业成本分配给成本计算对象。

因此,作业成本计算不仅是对成本对象的成本进行控制,还把成本发生的前因后果作为着重点,并以作业为核心,以资源的消耗为导线,研究和分析所有的作业活动,对最终成本对象形成过程中所发生的作业成本进行有效的控制。所以,作业成本计算并不是"就成本论成本",而是把重点放在作业及其动因上,这充分体现了战略成本管理的思维。

(2)将作业成本法运用到公路施工项目成本管理中,体现了战略成本管理的思想。其优点具体表现在以下方面:

1)作业成本法是一种全面管理的方法。①作业成本法是对施工项目全过程的管理。在施工项目实施的过程中,每一道工序,都伴随着价值而形成,而作业链——价值链的不断完善和优化过程,就是对施工项目成本的全程管理过程。②作业成本法是对公路施工项目成本进行全员管理的一种方法。在对施工项目实施的过程中,人始终处在主体的地位,每道工序、每种资源的消耗,都是由人来操作和进行的。因此,作业链的优化过程,是施工项目全体员工共同进行成本管理的过程。③作业成本法管理是一种全面的质量管理。由于公路施工项目具有单件性和一次性的特点,每个分部分项工程的价值集合为项目的总体价值,对施工项目中每个不增值作业的消除和每个增值作业的优化,就是对每个分部分项工程进行质量管理的过程,因此,作业链——价值链的优化过程,就是施工项目全面质量管理的过程。

2)作业成本法体现一种系统管理的观念。作业成本法在公路施工项目成本管理中的实施,不是哪个部门、哪个班组或哪个岗位就能独立完成的。它要求项目从管理层到施工操作层,从资源采购消耗到价值形成,以及各部门、各岗位的相互协调,形成一个从上到下、由此及彼的循环过程,直至施工项目的最终完成,形成一个完善的系统工程。

3)作业成本法是一个动态管理的过程。施工项目中作业链——价值链优化的整个过程都体现了动态管理的思想。在以作业为起点和核心的管理过程中,要求施工项目把重点放在每一作业的完成及其所消耗的资源上,并通过作业分析,溯本求源,根据技术与经济相统一的原则,不断改变作业方式,重新配置有限资源,从而达到持续降低成本的目标。这种不断消除不增值作业,优化增值作业的过程,正是全过程的动态管理。

(3)公路施工项目开展作业成本管理的具体步骤:

1)建立作业中心,认定增值作业,消除不增值作业。①在熟悉施工生产流程的基础上识别和认定作业,并根据同质性原理归集相关作业,建立作业中心;②认定增值作业和不增值作业,并计量每项增值作业和不增值作业成本;③努力消除非增值作业,降低增值作业成本。

2)建立作业成本控制标准。这里的作业是指增值作业,标准的讨论是针对低效、高效而言。作业成本控制标准的确定,实质上是确定了增值作业的资源耗费水平。

3)计算实际作业成本。实际作业成本是指在一定期间内作业中心归集的实际资源费用之和,它与标准作业成本的计算期、计算口径应保持一致。实际作业成本不全是增值作业,它可能包含着不增值作业,例如:返工作业成本、废品作业成本、库存作业成本等。

4)作业成本差异计算与分析。一般来讲,由于生产经营内外条件偏离预期,实际作业成本往往与标准作业成本发生偏离,这种偏离称为作业成本差异。为了寻找差异的原因,判定施工作业减耗增值的实际效果,需要进行差异分析。差异分析的一般步骤是:首先,计算差异数额并分析其种类;其次,差异调查,寻找原因;最后,判明责任,采取措施,改进工作。

5)业绩评价、持续改进。建立的作业成本控制机制可以用于业绩评价,下一步应建立动态控制目标。并辅以相应配套的激励措施,来保证施工作业过程的持续进步。

2.目标成本管理法的应用

目标成本管理是现代企业管理的重要手段之一,是将目标管理的一套思想和方法,应用于成本管理中,形成成本管理的一种新思想、新方法,是指企业在成本经营活动中,把成本目标从企业目标体系中抽取出来,用它来指导、规划和控制成本的发生和费用的支出,以降低成本管理,对严格限制项目的各项成本支出、提高企业的经济效益、提高工程项目的管理水平、发挥员工的积极性等,都有着重大的意义。

施工项目目标成本管理的基本思想是:从工程项目中标开始,即处于目标锁定状态。工程施工的一切活动都以目标为导向,工程施工的最终结果也是以达成目标的程度来评价的。目的在于从企业内部挖掘潜力,节约资源,降低消耗和增加效益,使广大员工增强成本意识,充分发挥积极性、主动性、创造性,为增强企业竞争力,提高企业经济效益做出贡献。

公路施工项目目标成本管理可以分为三个阶段:目标成本确立和分解阶段、目标成本控制阶段、目标成本的考核和改善阶段。根据工程项目的施工特点,整个施工项目的成本是以工程项目为中心展开的。因此,施工项目成本的目标制定、实施和达成都应是一个完整的系统。从根源上限制了施工成本的支出额度,通过不断地设定目标、分解目标,最终实现了对施工成本的有效控制。

目标成本管理要遵循以下步骤:

（1）成本目标的确定。成本目标的确定是施工项目实施成本管理的起点。目标成本制定的科学性和合理性直接影响到目标成本管理的有效性。项目实施初期，项目经理部要充分掌握市场动态和国家有关的方针政策，结合项目自身状况，对未来的施工成本进行科学的预测，并进行认真分析和研究，避免盲目性以减少风险。然后，制定出切实可行的成本计划，进一步确定施工项目在计划期内的生产费用、成本水平、降低成本率和降低成本额所采取的主要措施和方案。

（2）成本目标的分解。成本目标确定后，将目标成本分解到部门、分包单位、班组、岗位等各个层次上，并根据项目的工期要求，按时间分解为年度、季度、月、旬的成本目标，按费用项目标体系分解为人工费、材料费、机械费、管理经费等成本目标，形成各自的成本目标体系。其基本分解方法是自上而下、由粗到细，将施工项目成本依次分解、归类，形成层层保证、相互联系的分解结构。在进行成本目标分解的同时，应注意与各部门和个人的岗位责任制和经济责任制结合起来，做到责、权、利相互结合。分解到各个部门和个人的目标成本必须是部门和个人能控制的成本，具有可操作性，否则，将失去成本管理的意义。

（3）成本目标的控制。成本目标的控制即对成本发生和形成的过程进行全过程控制。目标成本能否实现，取决于目标成本的实际执行情况，即目标成本的控制。根据设定的目标成本，选定合适的施工技术与方法等，采用各种控制手段，进行指导、调节、限制和监督，保证目标成本的实现。既要找出影响目标成本实现的重点因素，采用科学的方法，对这些重点因素进行重点跟踪控制，又要对发生的偏差或出现的问题，及时进行分析研究，查明原因，立即采取有效措施，以保证所发生的成本在预定范围内。

（4）成本核算。目标成本管理要求成本核算过程不仅能够反映成本的实际发生情况，而且更应将所设定的目标成本在一定时期分解把的目标与实际发生情况表示出来，供下一步的成本控制使用。成本的核算工作一定要及时，以便准确地进行成本分析。

（5）成本分析。成本分析是将成本核算获得的实际成本结果与设定的成本目标进行比较分析，帮助成本管理部门了解成本节约或超支的情况，为分析超支原因并找出改进措施提供信息。成本分析作为成本管理工作的重要组成环节，对降低成本起到极其重要的作用。对于那些成本比重很大、经常发生波动并且控制比较困难的目标成本更要经常性地进行检查，并在此基础上深入分析主观因素和客观因素、有利因素和不利因素，以及主要因素和次要因素,对比差距,揭露矛盾,充分挖掘项目内部潜力,为今后制定目标成本提供新的依据。

(6)成本考核。成本管理绩效的好坏,需要按目标责任考核对象进行考核。将经济责任与目标成本控制水平紧密联系在一起,用经济责任来保证成本目标的实施,使目标责任制度化、规范化,这有利于成本管理的深化。其基本做法是:首先,层层签订责任状。即由项目部将成本目标责任分解到各具体施工人员,明确目标责任与经济利益的考核措施,充分体现施工成本目标管理责、权、利相结合的原则。其次,要定期检查。由项目部组织有关人员进行目标执行情况的检查。检查成本实际支出是否符合目标要求。同时,检查目标责任的落实情况,为最终考核提供依据。最后,对成本目标的相符率和达成率进行考核和评价,运用有效的激励手段,奖优罚劣,从而调动各方面降低成本的积极性。

管理方法的选用,必须根据项目的自身特点和实际情况,全面考虑企业的经济实力、技术状况、人员因素以及项目的工期、质量要求等各方面的因素,合理选用科学的方法,认真贯彻落实,以真正达到降低成本、提高效益的目的。

(三)成本管理保障体系的建立

1.建立高效的组织机构

任何管理工作的顺利进行都是以组织为保障的。只有一个完善的、运行有序的严密组织管理体系,才能保证管理工作沿着既定的目标前进。成本管理体系中的组织结构是指企业员工为实现相应的成本管理目标,按照其相应的管理岗位在工作中进行分工协作,在职务、责任、权利方面所形成的结构体系。组织结构的本质是权利分配和员工的分工协作关系。

施工项目管理组织结构可以分为三个层次:

第一,项目管理决策层,它是项目管理的核心,从总体上把握施工项目的施工生产和成本管理,它掌握着施工生产要素的调配权。

第二,中级管理层,它是由一批施工、生产管理和技术方面的复合型人才组成的,包括各类专业技术人员、财会人员和其他管理人员,负责实施项目决策层的施工、管理决策,并从不同角度对劳务作业层的施工操作过程进行控制。

第三,劳务作业层,这是为工程项目的施工输出劳务的一级组织,包括施工队一级的管理人员和操作人员,都是现场实际操作的执行者,并对其任务目标负责。

项目经理部必须结合本项目的实际情况和特点来确定成本管理的组织及人员,负责本项目部所承担工程的施工项目成本管理,对项目的施工成本及成本降低率负责。随着成本管理活动的展开,根据不同的管理范围和管理特点,各部门、各岗位的权力和责任也有所不同。因此,在确定成本管理的职权结构时,权力要有层次,严格分清决策、落实和执行层次的责任和管理权限,职责要有范围,分工要明确,关系要清晰,防止责任不清造成相互扯皮推诿,影响成本管理职能的发挥。只有建立完整高效的组织机构,才能保证成本管理活动的有效运行。

2.建立合理的成本管理制度

明晰的运行程序和严格的管理制度是成本管理工作顺利进行的基础。制定合理的成本管理制度,用来规范、指导项目的成本管理工作,在成本管理体系中是极其重要的。尤其是对一个独立的工程项目而言,为了保证成本管理的有效性,项目成本管理制度必须是可操作性较强的执行文件,要求每个员工都应严格遵循。因此,在编制成本管理制度时,要做到以下五点:

(1)选择结合时间的成本管理方法,制定的措施要具有可操作性。

(2)成本管理目标的制定要明确。成本管理范围的界定要清晰,方便操作,否则将失去指导意义。

(3)各部门、岗位的职责要具体,人员分工要明确。只有分工明确才能使各部门、各岗位的人员明确各自的职责,并做到各司其职,发挥项目管理的整体优势,确保项目成本管理目标的实现。

(4)要有明确严格的工作程序。包括原材料供应、劳务分包、机械租赁等要素的供应时间、供应方式、组织方式等都要给予认真设计和准确描述。成本管理不仅涉及成本生产的全过程,而且涉及对成本管理成果的测定。因此,对施工生产过程成本费用数据的收集、整理、核算等都要有明确、严格的规定。

(5)制定严格的考核制度和奖惩办法。对各部门、各岗位职工管理工作成果与其目标进行比较,对成本管理活动效果做出评价,并进行奖励或处罚。考核内容包括施工项目成本考核和成本管理体系及其运行质量考核。

施工项目成本管理是施工项目施工全过程的实时控制。因此,考核也是全过程的实时考核,要以全过程的实时考核来确保最终考核的通过。同时,要将考核与奖惩办法挂钩,根据考核的结果确定奖惩,以调动职工进行成本管理活动的积极性。

3.建立完善的信息沟通体系

成本管理的信息来源非常广泛,要从企业内部、外部市场、竞争对手、顾客、供应商乃至政府等多处搜集信息。信息要全面、多样,既要包括企业内部生产经营信息,又要包括企业外部环境信息;既要包括货币性的财务成本信息,又要包括如市场供求量、顾客满意度等与企业战略管理相关的非财务信息。成本管理的过程同时是对各类信息体系进行处理的过程。加强成本管理,保持成本优势,提高企业效益,必须建立完善的信息体系。

公路施工项目的成本管理活动,离不开对信息的收集和处理。不仅要注意收集市场供求、竞争对手、供应商等外部信息,也需要项目内部各部门之间信息的准确传递。上至管理决策层指令任务的下达,中间至各部门对目标任务的分析及落实,下到施工操作层的具体实施等各环节工作的有效完成,都有赖于对信息准确、及时地传递和处理。

建立完善的信息体系要注意以下四点:

(1)信息来源要准确。无论是外部市场信息还是内部管理信息,如果不准确,则会造成成本管理决策失误,导致不必要的成本费用的发生。

(2)信息收集要及时。及时信息收集,可以对各种有利和不利情况做出快速反应,采取相应措施,有利于项目抓住先机。

(3)信息传递要完整、准确、及时。信息传递是上、下级之间或部门之间互相协作、共同完成目标任务的前提条件,若不能做到完整、准确、及时,则施工项目的整体目标就难以实现。

(4)充分利用办公自动化系统和互联网技术,构建企业内部的管理信息网络,使管理信息规范化、标准化,及时、准确地互相沟通传递,同时要注意对内部管理信息进行保密。

第二节 公路工程施工的合同管理

"工程项目合同管理是指对工程合同的签订、履行、变更和解除进行监督检查,对合同履行过程中发生的争议或纠纷进行处理,以确保合同依法签订和全面履行。工程项目合同管理贯穿于从合同签订、履行到合同终结直至归档的全过程。"①

公路工程项目合同是指项目组织机构为完成既定的工程目标而与各方达成的明确项目权利义务的具有法律效力的协议。合同作为工程项目正常运作的基础和工具,在工程项目的实施过程中具有重要作用。对合同进行归纳管理,要分清其主次轻重,使项目合同管理有效、顺利地开展,对整个工程项目的成功建设将会起到积极的影响作用。

一、公路工程施工项目合同管理的意义

改革开放以来,"随着我国社会主义市场经济体制的不断完善与建立,公路建设对于企业的发展能够起到积极的促进作用。公路工程建设对于我国的基础设施建设显得极为重要。"②我国的公路建设事业取得了长足的发展,由于公路工程建设中较早采用了招投标制度、承包合同制,因而在公路工程质量、工期和造价上取得了良好的效果。特别是现今很多世行贷款工程项目的实施和完善,采用了严格的招投标制度、合同条款及施工监理制度。尽管承包合同制在公路工程建设中得到全面推动,但是由于人们观念的更新还有一个逐步认识的过程,因而在执行中尚存在着一些问题,部分施工企业由于缺乏合同管理意识,企业利润下滑,甚至出现负增长。企业资本(机械、人才、资金)积累逐年递减,职工待遇无法兑现也已影响到对外承揽工程任务及无形资产的流失等。因此,加强和完善合同管理有着非常重要的意义。概括来说,公路工程项目合同管理具有以下重要意义:

(1)适应我国建立社会主义市场经济的需要。我国建筑业社会主义市场经济体制正日益规范化。随着政府部门职能的转变,要求业主与承包人双方的行为将主要依据合同关系加以明确及进行约束,其各自的权益也将依靠合同受到法律的合法保护。

(2)加强工程项目管理,提高合同履约率。业主作为项目法人,必须树立合同法治观念,加强工程建设的合同管理。

(3)推行项目法人责任制、招标投标制、工程建设监理制和合同管理制

①　王秀敏,葛宁.公路工程施工组织与管理[M].天津:天津大学出版社,2018:237.

②　张学珍.公路工程项目合同管理与成本控制[J].价值工程,2019,38(36):67—68.

的重要手段。我国建筑市场管理中所推行的项目法人责任制、招标投标制、工程建设监理制和合同管理制,是建筑业规范化管理的保证,业主必须学会正确、科学地运用合同管理手段,规范化地管理工程招标及各合同项目的实施,以提高工程建设的经济效益和社会效益。

(4)提高对国际工程建设市场的竞争意识及合同管理的技能,进入国际工程承包市场。现代化建筑市场的模式应当是市场机制健全,具有合格的市场主体,具有完备的市场要素,通过建立健全市场保障体系及有关法规,保证建筑市场秩序良好。

二、公路工程施工项目合同管理的制度与原则

(一)公路工程施工项目合同管理的制度

公路工程施工企业为了更好地落实合同管理工作,必须建立完善的项目合同管理制度。在公路工程项目实施中,需建立以下完善的项目合同管理制度:

(1)施工企业内部合同会签制度。由于施工企业的合同涉及施工企业各个部门的管理工作,为了保证合同签订后得以全面履行,在合同未正式签订之前,由办理合同的业务部门会同企业施工、技术、材料、劳动、机械动力和财务等部门共同研究,提出对合同条款的具体意见,并进行会签。在施工企业内部实行合同会签制度,有利于调动企业各部门的积极性,发挥各部门的管理职能作用,群策群力,集思广益,以保证合同履行的可行性,并促使施工企业各部门之间的相互衔接和协调,以确保合同的全面履行。

(2)合同签订审查批准制度。为了使施工企业的合同签订后合法、有效,必须在签订前履行审查、批准手续。即将准备签订的合同在部门之间会签后,送给企业主管合同的机构或法律顾问进行审查,再由企业主管或法定代表人签署意见,同意对外正式签订合同。严格的审查、批准手续,可以使合同的签订建立在可靠的基础上,尽量防止合同纠纷的发生,以维护企业的合法权益。

(3)印章制度。施工企业合同专用章是代表企业在经营活动中对外行使权利、承担义务、签订合同的凭证。因此,企业对合同专用章的登记、保管、使用等都要有严格的规定。合同专用章应由合同管理员保管、签印,并实行专章专用。合同专用章只能在规定的业务范围内使用,不能超越范围

使用;不准为空白合同文本加盖合同印章;不得为未经审查批准的合同文本加盖合同印章;严禁与合同洽谈人员勾结,利用合同专用章谋取个人私利。若出现上述情况,要追究合同专用章管理人员的责任。凡外出签订合同时,应由合同专用章管理人员携章陪同负责签约的人员一起前往签约。

(4)管理目标制度。合同管理目标制度是为保证各项合同管理活动应达到的预期结果和最终目的设置的各项制度。合同管理的目的是施工企业通过自身在合同的订立和履行过程中进行的计划、组织、指挥、监督和协调等工作,促使企业内部各部门、各环节互相衔接、密切配合,进而使人、财、物各要素得到合理组织和充分利用,以保证企业经营管理活动的顺利进行,提高工程管理水平,增强市场竞争能力,使建设项目高质量、高效益地完成,以满足社会需要,更好地为发展建筑业市场经济服务。

(5)管理质量责任制度。这是施工企业的一项基本管理制度,规定企业内部具有合同管理任务的部门和合同管理人员的工作范围、职责及权利。这一制度有利于企业内部合同管理工作分工协作,责任明确,任务落实,逐级负责,人人负责,从而调动企业合同管理人员及合同履行中涉及的有关人员的积极性,促进施工企业合同管理工作正常开展,保证合同任务圆满完成。公路工程施工企业应当建立完善的合同管理质量责任制度,确保人员、部门、制度的落实。

(6)统计考核制度。合同统计考核制度是施工企业整个统计报表制度的重要组成部分。完善的合同统计考核制度,是运用科学的方法,利用统计数字,反馈合同订立和合同履行情况,通过对统计数字的分析,总结经验、教训,为企业经营决策提供重要依据。

(7)管理评估制度。合同管理制度是合同管理活动及其运行过程的行为规范,合同管理评估制度是否健全是合同管理能否奏效的关键所在。因此,建立一套有效的合同管理评估制度是十分必要的。建立合同管理评估制度,必须合法、规范、实用、系统、科学。

(8)检查和奖励制度。为更好地发现和解决合同履行中的问题,协调企业各部门履行合同中的关系,施工企业应建立合同签订、合同履行的监督检查制度。通过检查及时发现合同履行管理中的薄弱环节和矛盾,以提出改进意见,促进企业各部门不断改进合同履行管理工作,以提高企业的经营管理水平。通过定期的检查和考核,对合同履行管理工作完成好的部门和人员给予表扬鼓励;对于工作不负责任、玩忽职守的部门和人员给以批评教育和处罚。

（二）公路工程施工项目合同管理的原则

（1）遵守法律法规的原则。合同的主体、内容、形式和程序等都要符合法律法规规定,这样才能受到国家法律的保护、保障当事双方预期目标的实现。

（2）平等自愿的原则。签约各方在法律地位上是完全平等的。任何一方都不能将自己方意愿(如单方提出不平等条款)强加于另一方,而且当事人要根据自己的意愿签订合同,有权选择订立合同的对象、条款内容、订立时间及依法变更和解除合同,任何单位和个人不得非法干预。

（3）公平的原则。民事主体必须按照公平的观念设立、变更或取消民事法律关系。土木工程项目签订合同时应贯彻公平的原则,即签约各方的权利和义务要对等,从而反映出商品交换等价有偿的客观规律和要求。

（4）诚实信用的原则。订立合同时要求当事人实事求是地向对方介绍自己方的条件、要求和履约能力,充分表达自己方的真实意愿,不得有隐瞒、欺诈的成分。拟定合同条款时,要充分考虑对方的合法权益和实际困难,以善意的方式设定合同权利和义务。

（5）等价有偿的原则。民事主体在从事民事活动中,除法律另有规定或当事人另有约定外,应当按照价值规律的要求,在取得他人财产利益或得到他人劳务时,均应当向对方支付相应的代价。

（6）不得损害社会公共利益和扰乱社会经济秩序的原则。当事人订立、履行合同,应当尊重社会公德,不得扰乱社会经济秩序,损害社会公共利益。

（7）全面履行的原则。当事人应当按照合同约定的标的、数量、质量、价款或报酬等,在约定的履行期限、履行地点,以约定的履行方式,全面完成合同义务的履行原则。

三、公路工程施工项目合同管理机构及人员的设置

（一）公路工程施工项目合同管理机构的设立

合同管理机构应当与企业总经理室、工程部等机构一样成为施工企业的重要内部机构。合同管理是非常专业化且要求相当高的一种工作。所以,施工企业应设立专门的法律顾问室来管理合同的谈判、签署、修改、履约监控、存档和保管等一系列管理活动,而不应兼任,甚至是临时管理。

　　由于集团型大型施工企业和其属下的施工企业都是独立的法人,故两者之间虽有投资管理关系,但在法律上又相互独立。施工企业在经营上有各自的灵活性和独立性。因此,这种集团型施工企业应当设置二级双重合同管理制度,即在集团和其子公司中分别设立各自的合同管理机构。中小型公路工程施工企业也必须设立合同管理机构和合同管理人员,统一管理施工队和挂靠企业的合同,制定合同评审制度,切忌将合同管理权下放到项目部,以强化规范管理。

(二)公路工程施工项目合同管理专门人员的配备

　　合同管理工作由合同管理机构统一操作,应当落实到具体人员。集团型施工企业的合同管理工作较繁重,应当多配人,明确分工,做好各自的合同管理工作;而中小型施工企业,可依具体的合同管理工作量、企业自身情况和企业经营状况决定合同管理人员的数量和管理人员的职责。

　　由于公路工程施工企业需签订的合同种类繁多、性质各异,不同种类的合同所涉及行业、专业有不同特点,企业内部各相关职能部门各司其职,分别参与合同的谈判、起草、修改等工作。因此,在合同管理过程中,应注重企业内部机构和人员之间的协作,建立会审和监督机制。

四、公路工程施工项目合同管理的程序

　　合同管理就是要通过合同的策划、签订、合同实施控制等工作,全面完成合同责任,保证公路工程项目目标和企业目标的实现。合同管理应遵循以下程序:

(一)合同的策划和评审

　　在工程项目招投标阶段的初期,业主的主要工作是合同策划;而承包商的主要合同管理工作是合同评审。

　　在公路工程中,发包商是通过合同分解项目目标,委托项目任务,实施对项目的控制,因此,合同策划对工程项目有重大影响。在进行合同策划时,首先,要进行项目总目标和战略分析,确定企业和项目对合同的总体要求;其次,进行相应阶段项目技术设计的完成和总体实施计划的制订,再进行工程项目的结构分解工作;再次,确定项目的实施策略,如工作的具体分配、承发包方式的确定等,还需进行与合同相关事宜的策划,包括合同种类

的选择、合同风险分配策划等。项目管理工作过程策划,包括项目管理工作流程定义、项目管理组织设置和项目管理规则制定等;最后,起草招标文件和合同文件,这项工作是在合同的招标过程中完成的。

公路工程合同评审应在合同签订之前进行,主要是对招标文件和合同条件进行的审查认定、评价,对合同的合法性、条款的完备性及合同的风险性进行分析。通过合同评审,可能发现合同中存在的内容含糊、概念不清之处或自己未能完全理解的条款,对此进行仔细研究,认真分析,制定相应的措施,以减少合同中的风险,减少合同谈判和签订中的失误,这有利于合同双方愉快地合作,促进公路工程项目施工的顺利进行。

(二)合同的签订与实施

经过对合同分析、评审和谈判之后,就可以签订合同了。

合同签订之后,公路工程施工单位应该按合同的约定履行合同,为更好地履行合同,防止违约事件的发生,应首先制订合同实施计划。

在项目实施过程中通过合同控制,确保承包商的工作满足合同要求。合同实施控制包括对各种合同的执行进行监督、跟踪、诊断、工程的变更管理和索赔管理等。

(三)合同的变更

合同的履行是指合同双方按照合同规定的标的、数量和质量、价款或酬金、履行期限、履行地点和履行方式等,全面地完成各自承担的义务。在合同履行过程中,由于各种原因,会出现合同变更。合同变更的范围很广,一般在合同签订后所有工程范围、进度、工程质量要求、合同条款内容、合同双方责权利关系的变化等都可以被看作是合同变更。公路工程项目合同变更包括设计变更、进度计划变更、施工条件变更,以及原招标文件和工程量清单中未包括的"新增工程",合同变更是合同实施调整措施的综合体现。当发生合同变更时,应按下列程序进行处理:

(1)发包人对原设计进行变更。施工中发包人如果需要对原工程设计进行变更,应不迟于14天以书面形式向承包人发出变更通知。承包人对发包人的变更通知没有拒绝的权利,但是当变更超过原设计标准或批准的建设规模时,需经原规划管理部门和其他有关部门审查批准,并由原设计单位提供变更的相应图纸和说明。

(2)由于承包人原因对原设计进行变更。施工中承包人提出的合理化建议涉及对设计图纸或施工组织设计的更改及对原材料、设备的更换,需经工程师同意,工程师同意变更后,还需经原规划管理部门和其他有关部门审查批准,并由原设计单位提供变更的相应图纸和说明。

(3)其他变更的程序。除设计变更外,其他能够导致合同内容发生变更的都属于其他变更。这些变更的程序,应由一方提出,与对方协商一致签署补充协议后,方可进行变更。

在合同履行过程中,对于并非自己的过错,应由对方承担责任的情况造成的实际损失,应向对方提出索赔,要求给予经济补偿和(或)工期顺延。承包商应该在施工过程中,通过加强合同管理、重视施工计划、注意工程成本控制、提高文档管理等措施,及时、合理地提出施工索赔,以维护自己的正当权益。

五、公路工程施工项目合同管理的注意事项

项目合同一经签署就对签约双方产生法律约束力,任何一方都应严肃、认真、积极地执行合同,否则将承担相应的违约责任。为此,在工程项目合同管理中应注意以下事项:

(1)签约前注意了解对方是否具有法人资格,对方的信誉如何及对方其他有关情况和资料。当由代理人签约时,则要了解代理人是否有具有法律效力的法定委托书。

(2)合同本身用词要准确,不能发生歧义,要符合规定,要注意合同主要条款是否齐全,用词是否确切。

(3)合同签订后应按有关规定及时送交合同主管部门审查及向有关部门备案。因为有些合同必须经相关部门批准方能生效。

(4)主动及时地组织和督促各职能部门严格按合同规定履行义务。

(5)全部合同文件应由专人负责整理保管,包括合同文本、附件及工程施工变更洽商等资料及涉及经济责任的会议纪要往来函电等。坚决避免工程尚未完成、合同及有关资料丢失现象的发生。

(6)项目合同的变更、解除应经过认真的调查研究,且不能违背法定的程序及企业的有关规定。

(7)利用合同及时、合理地提出索赔。

第三节 公路工程施工的人力资源管理

一、项目人力资源与工程项目人力资源管理

项目人力资源管理是项目管理中关键的一环,主要包括两方面:一是项目人员的管理,二是项目团队的建设。项目团队中的人员不同于其他组织人员的需求特征,项目团队中的成员以团队精神为前提,更关注自尊和自主的需求。

项目人力资源包括管理层和操作层两个层面,只有加强对这两方面的管理,才能充分调动这些人员的积极性,才能很好地去掌握材料、设备、资金,把建设工程做得尽善尽美。而要想做好项目人力资源管理,首先要根据项目具体要求获得相应的人员;其次对人员进行培训开发,使其具有完成项目的知识和技能;最后在项目实施过程中,更重要的是激励人员,激发和保持他们的工作热情和积极性。

工作团队是现代项目流行的作业形式,建立高效的工作团队是项目人力资源管理的重要内容。项目团队的发展可以分为形成、震荡、正规和表现阶段。

(一)项目人力资源管理及其内容

项目人力资源的目标就是通过对项目的利益相关者进行整合、培训、激励,以提高组织绩效,同时使项目成员获得工作满足感。项目人力资源管理的主要工作包括组织规划、人员的甄选和人力资源开发。

(1)组织规划。组织规划就是根据项目目标及工作内容的要求确立项目组织中角色、权限和职责的过程。

(2)人员甄选。人员甄选就是根据项目计划的要求,确定项目整个生命周期内各个阶段所需要的各类人员的数量和技能,并通过招聘或其他方式,获得项目所需的人力资源,从而构建一个项目组织或团队的过程。

(3)人力资源开发。人力资源开发包括培训、考核及激励等内容。人员培训工作是根据培训计划的安排进行项目组织成员的岗前培训及在岗培训,以保证项目组织成员能胜任所要承担的项目任务,并在项目目标实现过

程中不断提高其素质和能力的过程。人员考核工作是在项目目标实现过程中,对组织成员的工作绩效进行评价,以实现客观公正的人事决策的过程。人员激励工作是通过采取各种恰当的措施,调动组织成员的积极性,从而使组织成员努力工作的过程。

(二)工程项目人力资源管理及其内容

工程项目人力资源管理是以人力资源管理相关基本理论为基础,以项目管理理论为依托。因此,研究工程项目人力资源管理必须从项目管理、工程项目管理的整体出发,弄清各系统之间的关系和系统与环境之间的关系。同时,还要运用现代化的管理手段和方法。

工程产品与其他工业产品不同,具有产品固定性和生产流动性,即某个工程项目结束后,其组织结构随之解散,劳动工具和人力资源随之迁移到新的项目或回归母公司企业中。这使得工程项目对人力资源管理必须具有很强的应变能力和可塑性,要求项目管理人员要有坚强的事业心、机敏的组织才能和高超的领导艺术,项目人员要有无私奉献和吃苦耐劳的精神。另外,就工程项目人员数量而言,随着工程的进展,人力资源需求也会发生较大的变化,表现为开工初期递增和施工后期递减,中间阶段是人力资源需求的高峰期。组织结构的弹性要求工程项目的人力资源管理也必须是弹性的,人力资源管理的方式和内容必须经常根据外部和内部环境的变化进行适当的调整,实现动态管理。

这样,工程项目人力资源管理模式与企业人力资源管理模式也存在较大区别,工程项目人力资源管理必须符合项目管理发展的规律,需要在人力资源管理活动的不断发展和调整中,逐步适应工程项目战略目标、组织结构、能力开发等形态后形成。

工程项目管理是以工程项目人力资源管理为核心的管理活动。人力资源管理同项目管理中的时间、成本、预算和质量一样重要,在项目的整个阶段尤其是项目的实施阶段扮演着重要的角色。人力资源管理是项目成功的基础,是为完成一个特定项目而将人力资源和其他资源结合成一个短期的组织,是把各种知识、技能、手段和技术应用于项目中,寻找一个"满意解"。

一般而言,工程项目人力资源管理是指对工程项目的人力资源管理。它包含两个方面的含义:一是工程项目人力资源管理同属于人力资源管理的范畴之内;二是工程项目人力资源管理的对象是主要的内部项目干系人。目前,国内工程项目管理由于在实施过程中,各阶段的任务和实施的主体不同,也就构成了工程项目管理的不同划分:业主方的项目管理、工程设计方的项目管理、施工方的项目管理,它们的管理者分别是业主单位、设计单位、施工单位和咨询单位,他们从不同方面对项目实施管理。所以,一个工程项目参与的人员一般来自多个方面,形成不同的项目组织。人力资源管理的主要内容包括以下方面:

(1)组织和组织规划。在项目管理目标的指导下,对工程项目整体人力资源的计划和安排,它按照项目目标,通过分析和预测所给出的工程项目人力资源在数量上、质量上、结构上的明确要求,具体包括组织和组织规划的输入、输出和转化。

(2)资源获取。明确工程项目人力资源的计划、获取、资源布局与配备使用、控制和管理要求。包括人力资源的招收、培训、录用和调配(对于劳务单位),以及劳务单位和专业单位的选择和招标(对于总承包单位)。

(3)能力建设。一是针对某一具体项目任务进行培训;二是对工程项目人力资源的潜力进行开发;三是为工程项目人力资源能力的积累进行培训。要充分发挥个人和项目组织的协同效应,约束和激励个人和项目成员,提高和改进个人和项目组织的工作绩效,从而实现项目目标。

(4)绩效评价与改进,明确规定工程项目人力资源管理绩效评价和改进的对策建议,对劳动者进行考核,以便对其进行奖罚。

(5)过程管理,策划并确定工程项目管理的各个过程,明确各个过程中人力资源管理的主要特征,以及相应的管理方法和途径。要做到科学合理地组织劳动力,节约使用劳动力;改善劳动条件,保证职工在生产中的安全与健康;加强劳动纪律,开展劳动竞赛,提高劳动生产效率。

二、公路工程施工项目人力资源的组织规划

公路工程项目人力资源管理计划是对人力资源投入量、投入时间和投入步骤,做出一个合理的安排,以满足项目实施的需要。

(一)公路工程施工项目组织规划与设计的依据

(1)项目的工作任务。项目组织规划与设计中最重要的依据是根据项目目标和项目产出物生成的项目工作任务,其中最重要的是项目工作分解结构(WBS)。

(2)项目的人员需求。项目组织规划与设计的另一依据是整个项目工

作的人力资源需求。

(3)项目限制因素。项目限制因素是指限制人们做出不同的项目组织规划与设计方案选择的各种因素。也就是说,如果没有这些限制因素,项目组织规划与设计可能会选用其他的方案。项目组织规划与设计的主要限制因素包括:

第一,执行组织的组织结构。组织结构是组织在职、责、权方面的动态结构体系,其本质是为实现组织战略目标而采取的一种分工协作体系。组织结构的类型不同,项目经理担负的责任也不同。一个以强矩阵型为基础结构的组织,意味着它的项目经理承担着与此相关的重大责任,比以弱矩阵型为基础结构的组织中的项目经理所承担的责任更为重大。

第二,集体协商条款。与工会或其他雇员组织达成的合同条款可能会要求有特定的任务或报告关系(实质上,雇员组织也是项目相关人员)。

第三,项目管理小组的偏爱。如果项目管理小组在过去运用某些特定的管理结构取得成功,那么它就可能在将来提倡使用类似的结构。

第四,预期的人员分配。项目的组织常受专业人员的技术和能力的影响,他们的能力也将影响他们权利和责任的分配。

(二)公路工程施工项目组织规划的方法

(1)项目组织分解方法。组织分解结构是项目组织结构图中的一种特殊形式,描述负责每个项目活动的具体组织单元,它是将工作包与相关部门或单位分层次、有条理地联系起来的一种项目组织安排图形。组织分解结构的分解方法与 WBS 类似,只是不是按照项目可交付成果的分解而组织的,而是按照组织内现有的部门、单位和团队而组织的,把项目活动和工作分列在现有各部门下。这样,相关部门只需找到自己在其中的位置,就可洞悉承担的所有职责。

(2)一般的人力资源管理方法。人力资源管理的主要方法有"抽屉式"管理、"危机式"管理、"一分钟"管理、"破格式"管理、"和拢式"管理、"走动式"管理等方法。

(三)公路工程施工项目组织规划与设计的结果

(1)项目组织结构图表。

(2)项目角色和责任的分派。

(3)项目组织人员配备规划书。

（4）相关的各种细节。

（四）公路工程施工项目组织规划的内容

1.人力资源需求和配置规划

确定公路工程项目人力资源的需求量是人力资源管理计划的重要组成部分，它不仅决定人力资源的招聘、培训计划，还直接影响其他管理计划的编制。人力资源需求计划要根据施工项目的性质、特点、规模、技术难度、工期要求及施工条件等，围绕项目总进度计划的实施进行编制。因为总进度计划决定了各个单项工程的施工顺序及延续时间和人数，它是经过组织流水作业，去掉劳动力高峰期及低谷，反复进行综合平衡以后，得出的劳动力需求量计划，反映了计划期内应调入、补充、调出的各种人员变化情况。在公路工程施工中，根据具体情况，一般设置有土方工程队、路面工程队等，或按需要设置有钢筋班组、模具班组、运输班组、机务班组等组织。

项目人力资源配置包括人力资源的合理选择、供应和使用。项目的人力资源配置既包括市场资源，又包括内部资源。无论什么性质的资源，都应遵循资源配置的自身经济规律和价值规律，以便于更好地发挥资源的效能，降低工程成本。因此，组织要建立适应市场经济要求的资源配置制度和管理机制，其中最重要的就是做好人力资源配置计划工作。公路工程项目人力资源配置计划应根据组织发展计划和组织工作方案，结合人力资源核查报告，进行制定。人力资源配置计划阐述了单位每个职位的人员数量、人员的职务变动、职务空缺数量的补充办法。

2.人力资源培训规划

劳动力的素质应满足和适应施工内容的需要，有些工种必须组织学习培训，做到持证上岗。因此，为保证人力资源的使用，在使用前还必须进行人力资源的招雇、调遣和培训工作，工程完工或暂时停工时必须解聘或调到其他工地工作。为此，必须按照实际需要和环境等因素确定培训和调遣时间的长短，及早安排招聘，并签订劳务合同或工程的劳务分包合同。

人力资源培训计划是人力资源管理计划的重要组成部分。按培训对象的不同可分为：工人培训计划、管理人员培训计划、技术人员培训计划等；按计划时间长短的不同则又可分为：中长期计划（规划）和短期计划等。人力资源培训计划的内容应包括培训目标、培训方式、培训时间、各种形式的培训人数、培训经费、师资保证等。

三、公路工程施工项目人力资源的获取

人力资源的选择需要根据项目需求来确定人力资源的性质数量标准，根据组织中工作岗位的需求，提出人员补充计划，对有资格的求职人员提供均等的就业机会；根据岗位要求和条件来确定合适人选。

（一）公路工程施工项目人员获取的依据

当项目组织进行人员分配时，必须考虑到可获得的潜在人员的特点。考虑的内容包括：一是所用人员有没有类似或相关工作的经验；二是所用人员是否对这个项目的工作有兴趣；三是所用人员是否能在一个团队中愉快合作；四是所用人员是否能在需要他们的时间段获得。

涉及项目的一个或多个组织可能制定有管理人员分配的方针、文件和程序。这些规定存在时，便成为人员获取过程的约束条件。具体包括以下五项：

（1）完成项目的每项工作任务（或工作包）所需要的技能。

（2）在挑选项目团队队员时，既需要考虑队员的技能，又要考虑其个性。

（3）项目队员的来源，是从公司内部挑选还是从市场上进行招聘。

（4）被挑选的队员是否有时间并愿意参加此项目。

（5）外界协作者，如项目顾问、技术专家等，需要支付的成本。

（二）公路工程施工项目人员获取的途径

（1）从组织内部获取。从组织内部获得人员，一般是通过谈判、事先指定等方式。对于大多数项目，人员配备必须经过谈判。而在某些情况下，人员可能事先指定到项目上，这种情况一般发生在：一是项目竞标的结果，并在建议书中承诺安排特定的人员；二是内部服务项目，项目章程对人员分配进行了规定。

（2）从组织外部可以获得特定个人或团体的服务。当决定不按全职雇佣某类人员，或是具有适当技能的所有人员已经派往其他项目上，或者其他情况造成总公司无法提供项目所需成员时，从市场上进行招聘是一种有效的方式。虽然这种方式花费较多的费用，但是这种方式招聘人员能给项目组织带来许多创新思想和新的活力。

（3）专业协作方。可以通过协议、支付佣金的方式，把一些专业的协作

方(如咨询顾问、供应商等)纳入项目团队的管理体系。当项目工作需要时，支付佣金即可以进行雇佣。项目工作完成时，协议便马上终止。这种灵活的项目管理方式无疑可为项目团队节省一定的成本。

(三)公路工程施工项目人员获取的步骤

1. 协商面谈

协商面谈是在合同签署以前就合同要求做出澄清并达成一致意见。其中包括人员的选择，用于评价一个候选人的资格、可接受性、是否符合职位要求、资质、能力，以及个人成长与发展愿望。

对于工程项目组织的发展要求，可以制定一个面试结果指南。面试结果指南强调，引导实际的面试，把职位要求与面试过程相联系，指南是简单的、直接的、用以说明每一步面试的目的、期望和结果的图表文件。目的部分应联系到职位要求，以便征求到评价候选人的有用信息。期望部分说明在面试过程中将要发生的交换类型，此项对创造一种有效的面试方法很有帮助。结果部分有助于面试者了解每一步的面试结果。

发展型面试强调组织的使命感和其对项目人员可持续发展的贡献，并用于建立与潜在候选人的长期联系，这种面试技术采用独特的、随机的问题去考虑候选人的空间。通过提供项目管理职业的成长和发展空间来考察候选人的发展计划。因此，这个技术揭示了对可持续发展的更深层次的理解。发展型面试寻求与候选人成长和发展的愿望、能力和资质相匹配的职位。这种面试是基于双方的评价和选择，即组织和候选人是同时进行的，当双方达成共识，就开始建立积极的长期关系，即使这次没有被某一项目招聘，也为未来组织招聘做了储备。

2. 甄选

合格候选人的甄选在职位提供之前应进一步考虑：候选人的品德如何，其职业目标、价值观、信仰、态度与组织是否一致。从而建立组织成员与项目组织之间的相互关系，形成相对稳固的文化氛围，凝聚成一种无形的合力与整体趋向，激发项目组织成员努力去实现项目组织的共同目标。如果缺少这一点，项目组织的凝聚力就会减弱。

3. 获取

除了日常的招募之外，当项目组织缺少完成项目所需的内部人员时，则通过对外部招聘方式获取，也可以对项目承担组织内部的成员进行重新分配。设置合适的获取项目人员的政策、方法、技术和工具,从而在适当的时候获得项目所需的高素质、并且具有善于合作的人员或团队来实施项目活动。例如:可以通过招标、签订合同等方式,来获取特定的个人和团队来承担项目工作。

4. 输出

基于项目需求,人员可分配为全职、兼职和临时。根据项目的需求所列出的项目团队及团队成员和其他项目干系人可以是正式的或非正式的,设计特别详细的或简单的人员活动清单。

这个过程改善了获取人力资源的质量和数量,保证组织筛选到那些有知识、有能力、有持续成长和发展空间的人员,尤其是项目经理人员的选择,是工程项目组织的发展基础,是项目成功的关键。

四、公路工程施工项目人力资源的管理控制

项目人力资源的管理控制主要包括人力资源的选择、订立劳务分包合同、教育培训和考核等内容。

(一)人力资源的选择

公路施工企业是劳动密集型的部门,根据不同的生产特点和实际工作需要,可分为以下三种:

(1)固定工制。固定工制即职工被录用后,只要没有重大过失,其工作可以一直保持到退休。这是过去使用的一种用工制,现在使用得越来越少。固定工制度使职工工作固定不变,人才难以流动,不能适应市场变化。

(2)劳动合同制。劳动合同制是以签订劳动合同的形式规定劳动者和用人单位双方的权利和义务,实行责、权、利相结合的一种用工制度。合同制使企业可以根据生产需要订立、延续、辞退劳动力,以促进工人的积极性。这种方式是目前推广应用的用工制。

(3)临时工制。临时工制是企业根据生产过程中临时性的工作需要招收人员的制度,主要适用于季节性施工的企业。

施工企业应根据生产需要招收员工,在劳动部门指导下,采取公开招收,志愿报名,全面考核、择优录用的方式,在建立劳动关系后应及时订立劳务合同。

（二）劳务分包合同

劳务分包合同的形式一般可分为两种：一是按施工预算或招标价承包；二是按施工预算中的清工承包。

劳务分包合同的内容应包括：工程名称，工作内容及范围，提供劳务人员的数量，合同工期，合同价款及确定原则，合同价款的结算和支付，安全施工，重大伤亡及其他安全事故处理，工程质量、验收与保修，工期延误，文明施工，材料机具供应，文物保护，发包人、承包人的权利和义务，违约责任等。

（三）人力资源的培训与考核

公路工程施工企业根据生产发展的需要，应有计划地对员工进行人力资源培训，以提高员工的劳动素质，增强劳动者的业务能力和工作能力。对从事技术工种的劳动者，上岗前必须经过培训，学习国家规定的职业技能标准，实行职业资格证书制度。

为鉴定员工的实际技术水平，调动员工工作的积极性，合理使用人才，公路工程施工必须对员工进行日常和定期考核。日常考核以平时在岗完成任务的业绩为主，定期考核主要考查技术理论知识和实际操作能力，对员工考核的成绩应记录归档，作为调资晋级的一项重要依据。

（四）劳动力的控制要点

劳动力的需要数量与生产周期（工期）、工程量是紧密相关的。因此，当已知劳动力需要数量以后，应根据施工进度计划和工种需要数量进行配置。每个施工项目劳动力配置的总量，应按工人劳动生产率进行控制。其控制要点如下：

（1）在工程施工进度图劳动力需用量的基础上再具体化，防止漏配。必要时，应根据实际情况对劳动力计划进行控制性调整。

（2）如果现有的劳动力能满足施工进度计划要求，则配置时应贯彻节约原则，以降低成本。如果现有劳动力不能满足施工进度计划要求时，则可通过进行招募等方法（如任务转包等）以满足要求。如果在专业技术或其他素质上现有人员或新招收人员不能满足要求时，则应提前进行培训，再上岗作业，并必须加强对此的控制力度。

（3）配置劳动力时应以定额为基准，让工人有超额完成的可能以获得奖励,进而激发出工人的劳动热情。

(4)保持正在使用的劳动力和劳动组织相对稳定,防止频繁调动。只有当劳动组织不适应任务要求时,再进行劳动组织和人员调整。例如:当关键线路发生变化时,应考虑打乱原建制进行优化组合,以保证劳动力配置能满足施工情况变化的要求。

(5)为保证施工作业需要,工种组合、技术工人与普工比例必须加以控制,以保证比例适当、配套合理。

(6)控制时尽量做到使劳动力均衡配置,既满足施工的需要,又便于控制管理,使劳动资源适当,以达到节约的目的。

五、公路工程施工项目人力资源开发

(一)公路工程施工项目的劳动力管理

施工项目的劳动力来源于社会的劳务市场,企业劳务由企业劳务管理部门(或劳务公司)管理,对外用合同向劳务分包公司招用劳动力。

(1)劳务输入。坚持"计划管理、定向输入、市场调节、双向选择、统一调配、合理流动"的方针。具体操作时,项目经理部根据所承担的工程项目任务,编制年度劳动力需求计划,交公司劳务管理部门。公司以内部施工队伍为主,外部施工队伍为辅进行平衡,然后由项目经理部根据公司平衡的结果,进行供需见面,双向选择,与施工劳务队签订劳务合同,明确需要的工种、人员数量、进出场时间和有关奖罚条款等,正式将劳动力组织引入施工项目,形成施工项目作业层。如果项目经理部直接与劳务分包公司签订合同,必须有法定代表或者授权。

(2)劳动力组织。劳务施工队均要以整建制进入施工项目,由项目经理部和劳务分包公司配合,双方协商共同组建栋号施工承包队,栋号承包队的组建要注意打破工种界限,实行混合编班,提倡一专多能,一岗多职,形成既有主力专业工种,又有协作配套力量,并能独立施工的栋号承包队。

(3)劳务队伍管理。项目经理部对于到位的施工劳务队伍组建的现场施工作业队,除配备专职的栋号负责人外,还要实行"三员"管理岗位责任制,即由项目经理派出专职质量员、安全员、材料员,实行一线职工操作全过程的监控、检查、考核和严格管理。

（二）公路工程施工项目人力资源管理考核

人力资源管理考核应以有关管理目标或约定为依据,对人力资源管理方法、组织规划、制度建设、团队建设、使用效率和成本管理等进行分析和评价。对人力资源管理的考核应定期举行,一般可分为月度、季度、半年、年度考核等,其中月度考核以考勤为主。对于特别事件,可以举行不定期专项考核。

1.人力资源管理考核评比

（1）人力资源管理考核评比标准。对人力资源进行考核评比时,多采取百分制和等级制考核相结合的评比办法,即设立"优""良""中""差"四个等级。

（2）人力资源考核评比方法。目前,我国对人力资源的考核评比工作,多采取定期考核与不定期抽查考核相结合、年终总评的方法。定期考核每月一次,由考评小组进行;不定期抽查考核由部门负责人组织,随时可以进行,抽查情况要认真记录,以备集中考核时运用,年终结合评先工作进行总评。对中层干部和管理人员的考评,由服务中心领导组织职工管理委员会中的职工成员共同参与,进行年度考评。

（3）人力资源考核评比工作的实施。人力资源考核评比小组（简称考评小组）在每次对各部门、各岗位的工作情况进行全面检查考核后,要召开例会,结合平时的抽查情况、职工的考勤、日常工作表现、服务对象的满意度等综合因素,为每一名职工打分,做出综合评价。

2.对管理人员的考核

（1）考核的内容。管理人员绩效考核的内容有:①工作成绩,重点考核工作的实际成果,以员工工作岗位的责任范围和工作要求为标准,相同职位的职工以同一个标准考核;②工作态度,重点考核员工在工作中的表现,如责任心、职业道德、积极性;③工作能力。

（2）考核的方法。管理人员绩效考核的方法有:

1）主观评价法。主观评价法是依据一定的标准对被考核者进行主观评价。在评价过程中,可以通过对比比较法,将被考核者的工作成绩与其他被考核者比较,评出最终的顺序或等级;也可以通过绝对标准法,直接根据考核标准和被考核者的行为表现进行评价。

2）客观评价法。客观评价法是依据工作指标的完成情况进行客观评价,主要包括生产指标,如产量、销售量、废次品率、原材料消耗量、能源率等;个人工作指标,如出勤率、事故率、违规违纪次数等指标。客观评价法注重工作结果,忽略了被考核者的工作行为,一般只适用于生产一线从事体力劳动的员工。

3)工作成果评价法。工作成果评价法是为员工设定一个最低的工作成绩标准,然后将员工的工作结果与最低的工作成绩标准进行比较,重点考核被考核者的产出和贡献。

为保持员工的正常状况,通过奖惩、解聘、晋升、调动等方法,使员工的技能水平和工作效率达到岗位要求。

(三)公路工程施工项目员工的培训

项目员工培训可以提高项目团队的综合素质,提高项目团队的工作技能和绩效,提高项目团队成员的工作满意度,有助于项目目标的实现。

1.项目培训的过程

项目培训可分为以下四个步骤:

第一步:评估培训需求,这是指评估工作所需的技能和完成这项工作的员工的实际技能之间的差距,确定需要做什么培训。

第二步:在确定要求之后要建立培训的目标,这些目标应该是明确的和可度量的。

第三步:培训。选择恰当的培训方式,开展实际的培训。

第四步:对受训者接受培训前后的反应、学习、行为和结果进行比较,对培训计划的效益进行评价。

2.项目培训的形式

项目员工的培训与一般日常运营组织的培训不但内容不同,而且方式也不同。项目员工培训主要是短期培训,这种培训的形式主要有两种:一种是岗前培训;另一种是在岗培训。

(1)岗前培训,针对性强,方式灵活多样,内容具体,花费不大,易于组织,见效较快,所以在项目员工培训中已被广泛采用。项目员工在开始项目工作以前,多数都要进行岗前培训。

(2)在岗培训,是指以职务或工作的实际需要为出发点,围绕职务或岗位的特点进行有针对性培训。这种培训偏重于专门技术知识和能力的培训,不管是项目管理人员还是项目技术人员,都需要在特定岗位和职务环境下接受这种培训。项目组织采用的在岗培训具有边培训、边提高、边工作的优点。

3.项目效果评价

在受训者完成培训计划后,应对其培训效果进行评价,看计划目标完成得如何。培训绩效有以下四个方面可以衡量:

(1)反应:评价受训者对培训计划的反应如何。他们是否喜欢这一培训计划,是否认为其培训计划有价值。

(2)知识:对受训者进行知识测试,确定他们是否学到了预期应学到的技能。

(3)行为:了解受训者的工作行为的变化情况。例如:工作中的精神状态是否有所改善。

(4)成效:工作结果的变化情况。如工作中的错误率有没有减少、解决冲突能力的培训是否提高了办事效率等。

(四)公路工程施工项目员工的激励

1.确定薪酬制度

对项目员工进行激励,不能全部依靠薪酬政策,但是不可否认,薪酬政策在激励员工的工作热情和工作效益方面起着非常重要的作用。

在项目中,一个人做出了成绩并取得了报酬之后,他不仅关心自己所取得的绝对量,还关心自己所取得报酬的相对量。因此,他要进行种种比较来确定自己所获得的报酬是否合理,比较的结果将直接影响今后工作的积极性。我们大体可以把这种比较划分为两类:一种是横向比较,即将自己获得的报酬(包括薪金、工作安排以及获得的赏识)与自己的投入(包括教育程度、所做努力、用于工作的时间、精力和其他无形损耗等)的比值与项目内其他人做比较,只有相等时才认为公平;另一种是纵向比较,即把自己目前投入的努力与目前所获得的报偿的比值,同自己过去投入的努力与过去所获得的回报的比值进行比较,只有相等时才认为公平。

在任何项目中做到绝对的公平是不可能的,但是使其尽量公平,才能达到项目干系人的目标。可以采取以下措施:

(1)在薪金的数量方面,依据类似工程项目施工的发放标准,并根据员工的工作绩效评价来确定相应的奖金数量。

(2)在薪金的发放方面,采取公开发放薪酬与奖励薪酬模式相结合的方法,尽量避免由于薪金的发放而造成的不信任感和公开发放可能会造成员工主观上的不公平感。

(3)建立公平的奖惩制度。在施工管理中,在项目经理管理、项目部人员管理和奖惩方面制定完备的制度,并且严格落实,尽量满足项目成员渴望公平的心理需求,从而起到激励作用。

(4)对决策和管理进行公开,不搞暗箱操作,采用民主的方式让员工参与决策,致力于建立平等的内部环境。

(5)设立特殊奖励基金制,对项目做出突出贡献的项目人员实行特殊奖金的发放,以获得良好的激励效应。

通过绩效评价,诊断项目管理中存在的问题,将信息反馈到组织和个人,可实现项目的调控,优化项目人力资源管理及项目的持续改进,也是实现项目目标的关键。

2.知识型员工的激励策略

在传统的组织和项目团队中,对员工的管理主要强调控制与服从,知识型员工的特点决定了不能运用传统的对操作工人的管理方式来苛待他们,建议从提供一种自主的工作环境、实行弹性工作制、强调以人为本、重视知识型员工的个体成长和职业生涯的发展几方面着手。

在对团队成员建立丰富、灵活的激励机制时,应把握的原则是以物质激励为基础,注重精神激励、情感激励和声誉激励等。

现阶段的物质激励并非如马斯洛需求层次中所说的处于较低层次,员工的物质收入在某种程度上是社会地位的象征。因此,团队成员依然会比较关注,它类似于双因素理论中的保健因素,缺乏这一因素团队成员会感到不满意;而拥有这一因素只是没有不满意,也不至于产生激励作用,因此是基础。团队成员的激励侧重点应放在精神激励、情感激励及声誉激励上,让团队中的每一位员工切身感受到处于被尊重、被重视的地位。

任何一个项目团队,其项目目标的实现与团队中每个成员的努力都有着密不可分的联系。因此,在项目团队中营造公平向上、敬业创新的文化氛围就显得非常重要。就激励机制来说,应努力做到透明公开,接受团队成员的监督与评估,允许发表不同观点,鼓励积极反馈,并对反馈做出积极响应。

六、公路工程施工项目的团队建设

在结束人员获取工作之后,就得到了项目团队清单和项目人员分配情况。施工团队是由项目组成员组成的,为实现项目目标而协同工作的组织。项目团队工作是否有效也是项目成功的关键因素,任何项目要获得成功就必须有一个有效的项目团队。

(一)公路工程施工项目团队的创建过程

工作团队的创建,包括以下四个过程:

(1)准备工作。本阶段任务是决定团队是否为完成任务所必需,这要看任务的性质。有些任务由个体独自完成效率可能更高。此外,本阶段还要明确团队的目标与职权。

(2)创造条件。本阶段组织管理者应保证为团队提供完成任务所需要的各种资源。如果没有足够的相关资源,团队则不可能成功。

(3)形成团队。本阶段的任务是让团队开始运作。此时必须做三件事:管理者确定谁是团队成员,让成员接受团队的使命与目标,管理者公开宣布团队的职责与权力。

(4)提供持续支持。团队开始运作后,尽管可以自我管理、自我指导,但是也离不开上级领导者的大力支持,以帮助团队克服困难,战胜危机,消除障碍。

(二)公路工程施工项目团队的发展阶段

项目管理团队发展有四个阶段:形成、震荡、规范和表现阶段。在项目团队的形成期,应侧重于人力资源的整合;在项目管理团队的震荡期,应加强人力资源的协调和沟通;在项目团队的正规、表现期以及后期阶段,要更加关注人力资源的激励和安抚。

项目管理的方法相对是现代化的,它是以一套独特而相互联系的任务为前提,通过项目经理和项目团队的努力,运用系统理论和方法对项目及其资源进行计划、组织、协调、控制,旨在实现项目特定目标的管理方法体系。在完成项目目标所需的各种资源中,最重要的是人力资源。因为程序和技术只不过是协助人员工作的工具。项目管理中的人员不同于一般的员工,更倾向于高级知识员工,独立性和自主性都很强。因此,把握项目管理中人力资源的特点,有针对性地对项目团队形成期的人力资源整合,项目团队震荡期的人力资源协调,项目团队正规、表现期及以后的人力资源激励和安抚进行统筹管理,将是项目管理成功的关键,项目团队形成期也是人力资源不断整合的过程。

1. 形成阶段

团队形成初期最重要的特征就是个体成员转化为团队成员。在这个时期,团队中的人员开始相互了解,但由于不清楚自己的职责和角色,项目并没有真正地展开。此时,项目经理扮演着非常重要的角色,在项目团队中处于主动地位。这一时期人力资源整合的关键是明确项目目标、角色定位以及充分授权等。

(1)明确项目目标。项目的总体目标也许在承接项目的时候就已经确定下来了,但达成项目的阶段性目标,以及实现这些阶段性目标的细化步骤需要在这一时期制定。目标制定得越明确,越有利于日后的实现。项目目标的制定需要遵循 SMAR 工原则,具体说来就是:制定的目标应该是明确的(Secific),模棱两可的目标会在执行的时候觉得无所适从;制定的目标必须是可衡量的(Measurable),应该多采用可量化的指标;制定的目标应该是可达成的(Attainable),盲目追求不切实际的要求会给项目带来灾难性的后果;制定的目标要和项目本身具有很强的相关性(Time-based);目标要有时间限制。

在制定项目目标的过程中,要尽可能地吸收团队成员的参与。经过团队成员参与讨论确定下来的项目,具体目标认可度是最高的,团队成员也愿意积极为自己亲自参与制定的目标而努力工作。具体的目标制定方法可以采用建立项目工作分解结构,将一个整体的项目分解成易于管理的几个细目,然后指定各个细目的负责人,构成责任矩阵;也可以采取人力资源管理中经常采用的"鱼骨图"法,将主要目标进行分解并落实到人。

(2)角色定位和授权。角色定位是紧接着上面一项程序下来的,在明确了项目目标,将项目分解成几个细目之后,就需要授权指定各个细目的负责人了,这就是形成责任矩阵的过程。当然前提条件是需要知道各个项目团队成员的优势。比如,需要实施一个网站建设项目,项目团队成员甲擅长整体规划,成员乙适合资料收集,成员丙擅长数据库开发,成员丁负责网页设计比较顺手,那么根据这些条件我们可以构造一个简单的网站建设项目责任矩阵。项目责任矩阵图完成之后应分发至每一个项目团队成员,从而在项目实施过程中相互督促。

在项目团队形成初期,除了让团队成员明确项目目标以及角色定位以外,人力资源整合还需要强调的一点就是团队文化的构建和完善。文化管理是管理中的最高境界,是团队精神的阐述。项目团队中要努力营造出这样一种文化氛围:团队成员是一个利益共生体,只有相互信任,相互合作,才能共赢,任何团队成员的道德风险损害的都是大家共同的利益。

2.震荡阶段

项目团队的震荡期是这样的一个时期,此时项目目标已经非常明确,团队成员也已开始运用自己的技能执行分配到的责任和任务,但随着工作的逐步推进,越来越多地发现现实状况与预想状况有很大的不一致,从而项目成员会产生挫折感、愤怒以及对立等影响项目进程的不满意情绪。这一时期是项目发展的必经阶段,同样也是项目发展的转折点,如果此时人力资源的协调和沟通比较到位,团队成员能很快从不满意向满意转化,项目建设同样会带来新的发展契机;如果项目团队成员的不满不能得到及时解决,不满的因素会不断积累,直至爆发,势必将项目的成功置于危险之中。

作为项目经理,要做到接受及容忍团队成员的任何不满,要创造一个理解和支持的工作环境,否则团队成员有不满也不一定立即表现出来,而一旦爆发将造成难以挽回的局面。当团队成员表现出不满情绪的时候,我们不能回避或者视而不见,积极的态度是正视问题,表现出愿意就面临的问题广泛交换意见、并尽力通过大家的合作努力解决问题。

项目经理要营造这样一种环境:团队里的成员关系是开放的、友善的,团队成员也愿意坦诚地说出不满的原因,而不必担心会遭到任何攻击或报复,其他人也愿意积极换位思考,以便达成一种共赢的结局。

对于成员间沟通的重要性,有必要在项目团队中构建一个沟通反馈机制,从而提高沟通的效率。沟通反馈机制借助的平台可以是互联网。

3.项目团队规范和表现阶段的人力资源激励

经历了震荡期的痛苦之后,项目团队进入了正规期及表现期。这两个时期团队成员的不满已经明显降低了,大家都渴望实现项目目标。这个时候恰当地进行激励效果是很明显的。

虽然项目团队成员总体上是自尊和自主的需求占主导,但每个个体需求的侧重点是不一样的。需求分析应面向所有团队成员,然后在此基础上逐渐细化分类。有效需求分析机制的建立,可以帮助我们认清项目团队个体之间的不同内驱力,从而实施有针对性的激励,以达到预期的激励效果。在需求分析的过程中,应注意坚持以下原则:

(1)实事求是的原则。需求分析应根据现实情况实事求是地进行,对提出的一些不切实际的需求或想法应及时地予以解释和拒绝,以免期望太太,而万一实现不了,失望会很大。

（2）互动参与的原则。需求分析不但要有当事人参加，而且如果可能应包括同事及项目经理等。这样的互动可以更全面地分析需求，同时也更能让人接受，当然相对来说可能更加耗时。

（3）信息畅通的原则。信息的畅通包括在需求分析时和需求分析后的相当一段时间内应确保信息反馈的畅通。

（4）动态分析的原则。由于团队个体的需求在不同时间是不一样的，或者说在一阶段达到了某一需求后，他会追求更高层次的需求，因此需求分析应是一个动态分析机制，以免需求分析机制本身束缚了团队成员积极性的发挥。

第三章 公路工程施工的技术管理

第一节 公路工程土质路基施工技术

"对公路工程来说,其正常运营必须以保证工程质量为前提,而路基是其中的重要内容。因而在公路土质路基施工中必须采取相应的施工技术,做好施工质量控制工作。公路土质路基施工中,落实施工技术具有重要作用。"[①]

一、土质路基施工的填料选择

填筑路堤时,为确保路堤的强度和稳定性,通常会取用当地强度比较高、稳定性较好、透水性好的土石作为填料,常见的有碎石、砾石、卵石和粗砂等,之所以会优先选用这些石材,主要有以下三方面原因:

(1)强度较高且不易变形,水稳性好。

(2)在填筑过程中不需要考虑含水量影响。

(3)分层压实后容易达到规定的施工质量。

高速公路和一级公路路堤填料应到实地采取土样并进行土工试验。二级及二级以下公路路堤填料也宜按规定选用。

二、土质路基施工的基底处理

路堤基底是指被清理后的路堤所在的原地面,它属于自然地面的一部分。在对路基进行处理时,应充分考虑路堤基底的土质、水文、坡度、植被及路基高度等因素,以确保路基的整体强度和稳定性。因此,在处理路基时,

---

① 杜瑶.公路土质路基施工技术分析[J].交通世界,2017(7):46.

以下三方面需要特别注意：

（1）务必要做好原地面的临时排水工作。对于易积水的地方，用土填平后还应按规定压实。排出的雨水不能冲刷到路基，也不得流入农田和耕地，更不能引起淤塞。

（2）如果路堤基底的原状土已经无法满足强度要求，那么则应立刻进行换填处理，所挖深度应大于30cm，并分层压平压实。

（3）在填筑矮路堤时，填筑高度应与路基工作区接近或相等。为了进一步提高路基的强度和稳定性，应对矮路堤进行挖除种植土、换土、挖松压密加铺砂砾石垫层等处理。

三、土质路基施工的填筑方式及机械配置

（一）水平填筑

在填筑土质路堤时，一般会将路堤划分成若干个水平层次，之后再依次向上填筑，这种填筑方式即为水平填筑。在填筑时，应从底层开始填筑，每填筑完一层都要进行压实处理，指导压实度达到要求之后再进行下一层填筑。如果需要用不同土质来进行填筑，则必须要严格遵守填筑工艺要求。水平填筑主要包括以下五方面要求：

（1）如果用透水性不是很好的土来填筑路堤底层，则应在表面做成4%的双向横坡。

（2）为了使路堤内部的水分得到充分蒸发，则在填筑路堤时，应在中上层使用透水性较好的砂砾类材料。

（3）透水性不同的土不能混在一起进行填筑。

（4）对不同土质的层位进行合理安排，比较优良的土应填筑在路堤上层，强度较低的土填在下层。

（5）当用不同土质填筑公路纵向的路堤时，必须要在不同土质的交接处做成斜面，以免发生不均匀变形。除此以外，一些透水性比较差的土应该填筑在斜面下方。

（二）竖向填筑

竖向填筑指的是在施工时将填料沿路线纵向在坡度较大的原地面上倾填，形成倾斜的土层，碾压密实之后，再逐层向前推进。

当出现以下情况时,可以考虑采用竖向填筑:

(1)原地面纵向坡度大于12%。

(2)路线所经过的地段跨越深谷或者局部地面有比较陡的横坡。

(3)地面高低差比较大。

(三)混合式填筑

混合式填筑路堤主要是指下层用竖向填筑、上层用水平填筑的一种填筑方式。这种填筑方式可以有效确保上部填土的密实度。其作业方式主要是根据填料运距、填筑高度、工程量等因素来确定的。

(1)对于取土填土高度小于3m的路堤,则可用推土机推填、平地机整平,达到最佳含水率之后,再用压路机压实。

(2)如果所填筑路堤的填方量比较集中,当填料运距大于1km时,可用松土机翻松,用挖土机或装载机配合自卸汽车运输,料运到作业面后用平地机整平,再配合洒水车和压路机压实;当填料运距在1km范围内时,可用铲运机运土,辅以推土机开道、翻松硬土、平整取土段清除障碍及推土。

四、土质路基施工的路堑开挖技术

(一)横挖法

对于一些短而浅的路堑,需要采用横挖法,即从路堑的一端或两端,在横断面范围内向前开挖。当路堑比较浅时,一次挖到设计标高的开挖方式称为单层横挖法。若路堑较深,为增加作业面,以便容纳较多的施工机械形成多向出土以加快工程进度,而在不同高度上分成几个台阶同时开挖的方式称为多层横挖法,各施工层面具有独立的出土通道和临时排水设施。

采用人工的方式开挖路堑时,施工台阶高度应为1.5～2.0m。采用机械开挖路堑时,台阶高度一般为3～4m。如果运距比较近,则可用推土机开挖;如果运距比较远,则可用挖掘机与自卸汽车相互配合进行开挖,也可以用推土机堆土后,再安排自卸汽车运土。需要注意的是,在开挖时,还同时需要配备人工或平地机来进行分层修刮和边坡整平。

(二)纵挖法

纵挖法指的是开挖时沿路堑纵向将开挖深度内的土体分成厚度不大的

土层依次开挖。

(1)分层纵挖法。分层纵挖法适宜于路堑宽度和深度均不大的情况,在路堑纵断面全宽范围内纵向分层挖掘。

宜采用推土机作业的情况主要包括:①开挖地段的横坡较陡;②开挖长度小于100m;③开挖深度小于3m。

如果开挖路堑的长度大于1000m,则需要用铲运机或同时配合使用推土机来进行作业。

(2)通道纵挖法。通道纵挖法适宜于路堑较长、较宽、较深而两端地面坡度较小的情况。开挖时先沿纵向分层每层先挖出一条通道,然后开挖通道两旁,通道作为机械运行和出土的线路。

如果开挖的路堑很长,则可在一侧适当位置将路堑横向挖穿,把路堑分为几段,各段再采用纵向开挖的方式作业,这种挖掘路堑的方法称为分段挖掘法。这种挖掘方式可增加施工作业面减少作业面之间的干扰并增加出料口,从而大大提高工效,适用于傍山的深长路堑的开挖。

用推土机开挖路堑时,每一条铲挖地段的长度应以满足一次铲切达到的满载为佳,一般为5~10m。铲挖时宜下坡进行,对于普通土,下坡坡度不宜小于10%,但不得大于15%;傍山卸土时应设向内稍低的横坡,但同时应留有向外排水的通道。当采用铲运机开挖路堑时,铲运机在路基上的作业长度不宜小于100m,宽度应能使铲斗易于达到满载。当采用铲斗容量为 4~8m³ 的拖式铲运机或铲运推土机时,运距一般为 100~400m;当铲斗容量为9~12m³ 时,运距宜为 100~700m。

(三)混合式开挖法

混合式开挖法是将横挖法与纵挖法混合使用。首先会采用纵挖法沿路堑开挖通道,其次就会采用横挖法,从通道开始沿着横向坡面挖掘。这样做的目的就是增加开挖坡面,从而可以使每个坡面都能够容纳一个施工作业组一台施工机械。

路堑开挖应严格按照自上而下的方式进行,不得超挖、滥挖。在对边坡稳定性不产生任何影响的前提下,为了进一步提高开挖效率,也可采用小型爆破的方式。

在开挖的过程中一旦发现有土质变化,应立刻修改施工方案和边坡坡度。路堑路床的表层土若为有机土、难以晾干的土或其他不宜作路床的土时,应用符合要求的土置换,然后按路堤填筑要求进行压实。

五、土质路基施工的路基压实技术

(一)压实质量要求

路基压实的压实质量一般是通过土的密实度来衡量的,用压实度来表示路基的压实标准。合理确定压实度,对保证路基的强度和稳定性、技术的可行性、工程的经济性都有非常重大的意义。但是在实际施工中,压实度几乎无法达到百分之百。

在达到最佳含水量的情况下才能进行路基压实,并且不同土质的各种指标值也要在施工前半个月进行测定,选取有代表性的土样进行试验,并且每种土都至少要取一组土样。如果在施工过程中土质发生了变化,则应立刻取土样补做试验。

路基的不同层位压实度要求也有所不同,相比于下部,上部的压实度要求会更高。一些等级较高的路面,压实度要求也就越高。

(二)土质路堤碾压

在选择碾压机械时,应对各方面因素进行综合考虑,主要包括工程规模、场地大小、填料类别、压实度要求、气候条件、工期要求及土质等。

如果填料为细粒土、砂类土或砾石土,施工时应通过摊开晾晒或适当洒水等方式使土的实际含水量达到最佳含水量的±(1%~2%)之后再进行碾压。

如果需要人工洒水,则应对洒水量进行估算。洒水工作完成后,需等到水分完全渗入到土中之后再进行碾压。

应根据土的种类、实际含水量、压实度要求等来确定压实遍数。对于高速公路和一级公路,在进行碾压时宜使用振动压路机或者35~50吨的轮胎压路机。

六、土质路基的路基整修、检查验收与维修

(一)路基整修

(1)土质路基的整修。在整修土质路基表面时,切土、补土工作一般是

在人工和机械相互配合的情况下完成的,同时用压路机碾压。对于加深的路堑边坡,切记不可在边坡上贴补,应自上而下进行削坡整修。超出设计标高的填土应用平地机刮平,陆地两侧超出涉及高度的部分也要切除。

（2）边坡加固与整修。应在边坡加固地段预留加固位置和厚度,如果边坡被冲刷成沟槽,则应从下往上分层挖台阶进行填筑和夯实。如果在非加固边坡地段,则可用种植土进行填补并种植花草。如果出现冲沟和坍塌缺口,那么则应从下往上进行加宽填补、压实,并按设计坡面修坡。

（二）检查验收及质量标准

1.中间检查

中间检查应按照设计文件和施工规范来进行,每完成一个分部分项工程都需要进行中间检查,比如在处理完路基原地面之后,要对基底的处理情况进行检查等。需要注意的是,以下工序完成后必须要进行中间检查验收,合格之后才能开始下一工序的施工:

（1）路基渗沟回填土前。

（2）路基换土工作完成后。

（3）各类防护加固工程基坑开挖后。

2.竣工验收

对路基进行竣工验收时,应对以下项目进行检查、验收:

（1）路基的平面位置、路基的宽度、标高横坡和平整度。

（2）边坡坡度及加固设施。

（3）边沟等排水设施的尺寸及沟底纵坡。

（4）防护工程的修建位置和各部尺寸。

（5）填土压实度及表面弯沉。

（6）取土坑、弃土堆、栌坡道、截水沟、渗水井等的位置和形式。

（7）隐蔽工程施工记录等。

3.质量标准

（1）土方路基。土方路基施工应符合下列质量要求:

1）路基必须分层填筑压实。

2）路基表面平整坚实。

3）无软弹和翻浆现象,路拱合适。

4）排水良好。

5)土的压实度、强度和路床的整体强度符合设计要求。

(2)路肩。在进行路肩施工时,应做到以下三点:

1)表面平整、密实、无积水。

2)边缘顺直。

3)曲线圆滑。

(3)地表排水设施。边沟、截水沟或排水沟应线条顺直曲线圆滑,沟底平整,排水畅通。浆砌片石加固体,砂浆应密实饱满,配合比符合设计要求。边沟勾缝平顺,缝宽均匀,无脱落现象。沟渠断面应均匀平整无凹凸不平现象,沟底无积水。

(三)路基维修

路基施工完成以后,在路面施工前或公路工程初验后至竣工验收终验前,如果路基发生损坏,则施工单位应该负责维修。

此外,施工单位还应确保路基排水设施完好,如果排水设施中出现淤积物和杂草,则应及时清理。对于已经停工很长时间,或者暂时不打算做路面的路基,应保持排水畅通,复工前还应整修路基的各分项工程。要确定路基表面光滑、保持规定的路拱,才能开始路面施工。如果路堤遭到雨水冲刷,则要及时进行修补和加固;如果发生沉降,则应查明原因,采取恰当的处理措施,并进行记录。

此外,还应及时清理路堑边坡塌方。未经加固的高路堤和路堑边坡及潮湿地区的土质路基边坡上的积雪应及时清除,以免危害路基。路基构造物应时刻保持稳定,一旦出现变形要及时修复。如果在路基完工后遇到持续大雨、暴雨天气,或者处于积雪融化期,则应禁止施工机械和车辆在土质路基上行驶,在不得不通行的情况下,则应及时排干积水,并进行整平、压实。

第二节 公路工程石质路基施工技术

一、填石路堤的施工技术

(一)填石路堤的施工方法

(1)填石路堤的基底处理与填土路堤的基底处理一样。

(2)高速公路、一级公路和铺设高级路面的其他等级公路的填石路堤均应分层填筑、分层压实。二级及二级以下且铺设低级路面的公路在陡峻山坡段施工特别困难，需大量爆破以挖做填时，可采用倾填方式将石料填筑于路堤下部，但倾填路堤在路床底面下不小于1.0m范围内仍应分层填筑压实。

(3)填石路堤的压实度检验：包括分层填筑岩块及倾填爆破石块填筑的路堤，在规定深度范围内，以12吨以上振动压路机进行压实试验，当压实层顶面稳定，不再下沉且无轮迹时，可判为密实状态。

(二)填石路堤的施工要求

(1)填料的选择。填石路堤是指用粒径大于40mm，含量超过70%的石料填筑的路堤。膨胀性岩石、易溶性岩石、崩解性岩石和盐化岩石等均不应用于路堤填筑。用强风化石料软质岩石填筑路堤时，应按土质路堤施工规定先检验其CBR值是否符合要求，CBR值不符合要求时不得使用，CBR值符合使用要求时应按土质筑堤的技术要求施工。填石路堤的石料强度不应小于15MPa(用于护坡的不应小于20MPa)。填石路堤石料最大粒径不宜超过层厚的2/3。

(2)施工中应将石块逐层水平填筑。分层松铺厚度：高速公路及一级公路不宜大于0.5m，其他公路不宜大于1.0m。大面向下摆放平稳，紧密靠拢，所有缝隙填以小石块或石屑。高速公路及一级公路填石路堤路床顶面以下50cm范围内应填筑符合路床要求的土并分层压实，填料最大粒径不得大于10cm。其他公路填石路堤路床顶面以下30cm范围内宜填筑符合路床要求的土并压实，填料最大粒径不应大于15cm。超粒径石料应进行破碎，使填料颗粒符合要求。

(3)填石路堤压实。填石路堤应使用重型振动压路机分层洒水压实，压实时继续用小石块或石屑填缝，直到压实层顶面稳定、不再下沉且无轮迹、石块紧密、表面平整为止。

(4)路堤边坡坡脚码砌。填石路基倾填前，路堤边坡坡脚应用粒径大于30cm的硬质石料码砌。当无设计规定时，填石路堤高度小于或等于6m时，其码砌厚度不应小于1m；大于6m时，不应小于2m。

二、石质路堑的施工技术

石质路堑开挖最有效的方法是爆破。爆破可以大大提高施工效率,缩短施工工期,节约劳力,提高公路的使用质量。

(1)炸药性能和药包量。

1)炸药性能。一般在坚石中,宜采用粉碎力大的炸药,如 TNT、胶质炸药等;在次坚石、软石、裂缝大而多的岩石中,以及在松动爆破中,宜采用爆炸力较大而粉碎力较小的炸药;开采料石时,宜采用爆炸力和粉碎力都较小的炸药,如黑火药。

2)药包量。药包量的多少,须根据具体条件和爆破目的来决定。

(2)地形条件。地形不同,其爆破的特征及效果也不同。地形越陡,炸药用量越省。地形倾斜时,爆破土方的岩石因振动而松裂,在自重的作用下脱离岩体而坍塌,从而扩大爆破漏斗的范围,增加爆破方量。此外,炮位临空面的数目对爆破效果的影响也很大,临空面越多,爆破效果就越好。

(3)地质条件。当岩石的密度大、强度高、整体性好时,单位耗药量较高,对爆破后的边坡稳定有利,适宜采用大爆破;反之,密度小、力学强度低,节理、层理发达,则较易破碎,单位用药量低,不宜采用大爆破。

(一)石质路堑的开挖技术

石质路堑的开挖通常采用爆破法开挖,有条件时宜采用松土法开挖,局部情况可采用破碎法开挖。

施工时,采用的爆破方法,要根据石方的集中程度,地质、地形条件及路基断面形状等具体条件而定。主要方法有以下六种:

1.综合爆破

综合爆破是根据石方的集中程度,地质、地形条件,公路路基断面的形状,综合配套使用的一种比较先进的爆破方法。

综合爆破一般包括小炮和洞室炮两大类。小炮主要包括钢钎炮、深孔爆破等钻孔爆破;洞室炮主要包括药壶炮和猫洞炮,洞室炮则随药包性质、断面形状和地形的变化而不同。用药量 1 吨以上为大炮,1 吨以下为中小炮。

(1)裸露药包法。裸露药包法是将药包置于被炸物体表面或经清理的岩缝中,药包表面用草皮或稀泥覆盖,然后进行的爆破。

(2)钢钎炮(炮眼法)。在路基工程中,钢钎炮(炮眼法)是指炮眼直径小于 70mm 和深度小于 5m 的爆破方法。一般情况下,单独使用钢钎炮爆破石方是不经济的,原因有两点:①炮眼直径小,炮眼浅,用药少,一般最多装药为眼深的 1/3～1/2,每次爆破的石方量不大(通常不超过 10m³),并全靠人工清除,所以工效较低;②不利于爆破能量的利用,但比较灵活,因而它又是一种不可缺少的炮型,在综合爆破中是一种改造地形,为其他炮型服务的铺炮型。

(3)药壶炮(葫芦炮)。药壶炮是指在深 2.5～3.0m 以上的炮眼底部用小量炸药经一次或多次烘膛,使底成葫芦形,将炸药集中装入药壶中进行爆破。葫芦炮炮眼较深,适用于均匀致密黏土(硬土)、次坚石、坚石。对于炮眼深度小于 2.5m,节理发育的软石,地下水较多或雨季施工时,不宜采用。

(4)猫洞炮。猫洞炮是指炮洞直径为 0.2～0.5m,洞穴成水平或略有倾斜(台眼),深度小于 5m,将药集中于炮洞中进行爆破的一种方法。它适用于硬土、胶结良好的石古河床、冰溃层、软石和节理发育的次坚石,坚石可用其间的裂隙修成导洞或药室,这种炮型对大孤石、独岩包等爆破效果更佳。

(5)爆破(洞室)施工方法。大爆破是采用导洞和药室装药,用药量在 1000kg 以上的爆破方法。

2.光面爆破

光面爆破是在开挖限界的周边,适当排列一定间隔的炮孔,在有侧向临空面的情况下,用控制抵抗线和药量的方法进行爆破,使之形成一个光滑平整的边坡。

3.预裂爆破

预裂爆破是在开挖限界处按适当间隔排列炮孔,在没有侧向临空面和最小抵抗线的情况下,用控制药量的方法,预先炸出一条裂缝,使拟爆体与山体分开,作为隔振减振带,消除或减弱开挖限界以外山体或建筑物的震动破坏作用。

4.抛坍爆破

抛坍爆破运用于自然地面坡度大于 30°,地形地质条件复杂的半填半挖路堑。

5. 微差爆破

相邻两药包或前后排药包以毫秒的时间间隔(一般为 15～75ms)依次起爆,称为微差爆破,也称毫秒爆破。多发一次爆破最好采用毫秒雷管。多排孔微差爆破是浅孔深孔爆破发展的方向。

6. 定向爆破

在公路工程中用于以借为填或以挖做填地段,特别是在深挖高填相间、工程量大的鸡爪形地区,宜采用定向爆破。

(二)爆破开挖路堑的施工技术

(1)恢复路基中线,放出边线,钉牢边桩。

(2)根据地形,地质及挖深选择适宜的开挖爆破方法,制定爆破方案,作出爆破施工组织设计,报有关部门审批。

(3)用推土机整修施工便道,清理表层覆盖土及危石。

(4)在地面上准确放出炮眼(井)位置,竖立标牌,标明孔(井)号、深度、装药量。

(5)用推土机配合爆破,创造临空面,使最小抵抗线方向面向回填方向。

(6)炮眼在布置整体爆破时采用"梅花形"或"方格形",预裂爆破时采用"一字形",洞室爆破根据设计来确定药包的位置和药量。

(7)在居民区及地质不良可能引起坍塌后遗症的路段,原则上易不采用大中型洞室爆破。在石方集中的深挖路堑采用洞室爆破时,应认真设计分集药包位置和装药量,精确测算爆破漏斗,防止超爆、少爆或振松边坡,留下后患。

(8)爆破施工要严格控制飞石距离,采取切实可行的措施,确保人员和建筑物的安全,如采用毫秒微差爆破技术。

(9)控制爆破也可以采用分段毫秒爆破方法。

(10)为确保边坡爆破质量,可采用预裂爆破技术,光面爆破技术和排眼毫秒爆破技术,同时配合选择合理的爆破参数,减少冲击波影响,降低石料大块率,以减少二次破碎,有利于装运和填方。

(11)药前要布好警戒,选择好通行道路,认真检查炮孔、洞室,吹净残渣,排除积水,做好爆破器材的防水保护工作,雨季或有地下水时,可考虑采用乳化防水炸药。

(12)装药分单层、分层装药、预裂装药及洞室内集中装药。光眼装药后用木杆捣实,填塞黏土;洞室装药时,将预先加好的起爆体放在药包中心位置,周围填以硝酸安全炸药,用砂黏土填塞,填塞时要注意保护起爆线路。

(13)认真设计,严密布设起爆网络,防止发生短路及二响重叠现象。

(14)顺利起爆,并清除边坡危石后,用推土机清出道路,用推土机、铲运机纵向出土填方,运距较远时,配合用挖掘机械装土,自卸汽车运输。

(15)随时注意控制开挖断面,切勿超爆,适时清理整修边坡和暴露的孤石。

(三)石质路基的质量控制

1.一般规定

(1)土方路基和石方路基的实测项目技术指标的规定值或允许偏差按高速公路、一级公路和其他公路(指二级及二级以下公路)两档设定,其中土方路基压实度按高速公路和一级公路、二级公路、三、四级公路三档设定。

(2)实测项目的检查频率,如果检查路段以延米计时,则为双车道公路每一检查段内的最低检查频率(多车道公路必须按车道数与双车道之比,相应增加检查数量)。

(3)路基压实度须分层检测,并符合规范规定。路基其他检查项目均在路基顶面进行检查测定。

(4)路肩工程可作为路面工程的一个分项工程进行检查评定。

(5)服务区停车场、收费广场的土方工程压实标准可按土方路基要求进行监控。

2.基本要求

(1)石质路堑的开挖宜采用光面爆破法。爆破后应及时清理险石、松石,以确保边坡安全、稳定。

(2)修筑填石路堤时应进行地表清理,逐层水平填筑石块,摆放平稳,码砌边部。填筑层厚度及石块尺寸应符合设计和施工规范规定,填石空隙用石碴、石屑嵌压稳定。上、下路床填料和石料最大尺寸应符合规范规定。采用振动压路机分层碾压,压至填筑层顶面石块稳定,18吨以上的压路机振压两遍无明显标高差异。

(3)路基表面应整修平整。

(4)外观鉴定。

1)上边坡不得有松石。不符合要求时,每处减 $1 \sim 2$ 分。

2)路基边线直顺,曲线圆滑。不符合要求时,单向累计长度每50m减1~2分。

第三节　公路工程沥青路面施工技术

"沥青混凝土以其自身使用的强大优势,在增强整个公路工程效益质量和确保车辆安全通行等方面起到了十分重要的作用。从沥青混凝土路面施工发展实际情况来看,沥青路面施工的有效性和施工工艺以及路面施工质量存在密切关联,为确保路面质量,应加强沥青路面施工的技术及质量控制。"①

一、沥青表面处置层的施工技术

沥青表面处置层是用沥青和集料,按拌和法或层铺法施工的一种厚度不大于3cm的薄层沥青面层。由于处置层很薄,一般起不到强度作用,其主要作用是抵抗行车的磨耗,增强防水性,提高平整度,改善路面的行车条件。

沥青表面处置大多用于下列场合:

(1)用作碎石路面或基层的磨耗层或面层,以改善行车条件并提高路面等级。

(2)改善或恢复原有面层的使用品质。对磨损、老化严重的或过于光滑的路面通过表面处置,使其平整度、泌水性、抗滑能力等均得以恢复、改善或提高。

(3)用作封层,即作为空隙较多的沥青面层的防水层。位于沥青面层之上即为上封层,位于非沥青类基层之上即为下封层。

(一)沥青表面处置层的材料规格和用量

1.沥青

沥青表面处置可采用道路石油沥青、煤沥青或乳化沥青。沥青表面处

---

① 胡新顺.关于公路工程沥青路面施工技术分析[J].绿色环保建材,2019(3):115.

置对沥青材料的要求包括渗透性好、凝结时间短、黏结力大、不易老化、便于浇洒、耐久性好。

2.矿料

沥青表面处置的设计原则是要确保道路所选择的石屑粒径,应根据预测交通量估计石屑埋入现有磨耗层的情况而定。确定集料的粒径时,应考虑道路的硬度、交通量、轴重和设计行车速度。集料纹理和磨光性能对道路的抗滑能力有很大影响,具体可根据当地特点选用碎石、轧制碎石或筛选砾石。其质量及规格应符合以下要求:

(1)粗集料应干燥、无风化、清洁、无杂质,具有足够的强度和耐磨性能,应尽量选择质地坚硬、软弱及扁平颗粒含量少的碎石或砾石。

(2)粗集料应具有良好的颗粒形状,通常以接近立方体且多棱角为佳。筛选砾石,因其嵌挤锁结能力差,仅在轻交通的沥青表面处置中使用。用于道路沥青面层的碎石不宜采用颚式破碎机加工。

(3)用于轧制的砾石必须采用粒径大于 50mm 的颗粒,破碎砾石中 4.75mm 及以上颗粒的破碎面积应不小于规范规定值。

(4)与沥青材料有良好的黏结力,经检验属于酸性岩石的石料,用于高速公路、一级公路时,宜使用针入度较小的沥青,并采用抗剥离措施。

此外,沥青表面处置还应当严格掌握沥青与矿料用量的适当比例(油石比)。沥青的用量多少是保证沥青表面处置路面质量的最重要的因素,若沥青用量过多,易造成泛油、拥包等病害;若沥青用量偏少,又易造成路面松散。因此,为确保沥青路面的施工质量,施工时,应根据相关规定,在用量范围内慎重选用。

(二)沥青表面处置层铺法的施工技术

施工方法分为层铺法和拌和法,通常采用层铺法,而层铺法施工又分为先油后料法和先料后油法。

1.施工机械

(1)沥青洒布车。沥青表面处置施工采用沥青洒布车。洒布时车速和喷洒要保持稳定,沥青洒布车在整个宽度内喷洒应均匀。洒布机的喷嘴类型不同,洒布的效果也不同,缝隙式喷嘴的洒布效果能够做到类似涡旋式喷嘴所洒布的横向分布水准,且可以减少黏结料中的稀释剂用量,能节省成本,并降低施工温度。小规模沥青表面处置的施工,可采用机动或手摇的手工沥青洒布车洒布沥青,乳化沥青也可用由轮泵气压式洒布机洒布。如采用手工喷洒,那么喷洒工人应拥有熟练的技术。

(2)集料撒布机。采用集料撒布机不仅能使工作进展快,而且能把集料撒布得更平整,撒布量也更精确。集料撒布机还有一个优点就是使撒布的集料更紧贴道路表面,从而减少了集料跳离路面露出黏结料或跳到表面处置层以外部位,以防止黏结料滞留在表面的情况发生。人工撒布也是我国日常小型养护常用的方法,由于表面处置层厚度较薄,该法最大的缺点是不易控制集料的撒布量,并且手工撒布具有效率低和工期长的缺点。对于较大的工程项目和等级较高的路面表面加铺和表面处置的施工均应使用集料撒布机。

(3)压路机。沥青表面处置的施工采用 6～8 吨或 8～10 吨的压路机,轮胎式压路机可以使石屑与黏结料薄膜有较好的初始黏结,而不致把选定的集料压碎或因不适当的尺寸导致路面在使用期间出现泛油。

2. 施工准备

(1)检查油泵系统、输油管道、油量表、保温设备等。可将一定数量的沥青装入油罐后,先试洒,确定喷洒速度及喷洒量。每次喷洒前喷油嘴应保持干净,管道应保持畅通,喷油嘴的角度应一致,并与洒油管成 15°～20°,使同一地点接受 2 个或 3 个喷油嘴喷洒的沥青,并不得出现花白条。在有风的天气下不宜使用三重喷洒。

(2)集料洒布机准备。检查其传动和液压调整系统,并进行试洒,以确定撒布各种规格集料时应控制下料间隙及行驶速度。当为半幅施工并采用人工撒布集料时,应按等距离划分成小段,并应按规定用量备足集料,以后每层也按同样办法备料。

(3)沥青的准备。应按规定的频率抽取试样进行试验,不符合要求的材料不得使用。沥青中若含有水分时,应在使用前进行脱水。

3. 施工程序

这里介绍三层式沥青表面处置层的施工工序(先油后料法)。

施工前的准备工作—安装路缘石—浇洒透层沥青—浇洒第一层沥青—撒铺第一层集料—碾压—浇洒第二层沥青—撒铺第二层集料—碾压—浇洒第三层沥青—撒铺第三层集料—碾压—控制交通—初期养护。

三层式的厚度为 2.5～3.0cm。两层式(厚度为 1.5～2.5cm)和单层式(厚度为 1～1.5cm)的施工程序与三层式的方法相似。

4.施工要点

(1)下承层准备。在表面处置层施工前,应将路面基层清扫干净,使基层的矿料大部分外露,并保持干燥。对有坑槽、不平整的路段应先修补和平整,若基层整体强度不足,则应先补强度。

(2)浇洒沥青。在浇洒透层沥青或做封层的基础表面清扫后,应按要求的数量浇洒第一层主层沥青。洒布沥青应符合下列要求:

1)沥青的浇洒温度应根据施工气温及沥青标号来选择,石油沥青的洒布温度宜为130~170℃,煤沥青的洒布温度宜为80~120℃。乳化沥青可在常温下洒布。当气温偏低,破乳及成型过慢时,可将乳液加热后洒布,但不应超过60℃。

2)沥青应浇洒均匀,不得有空白、缺边、积聚等现象,否则应立即用人工补洒或刮除,以免日后产生松散、拥包和堆挤等病害。

3)浇洒的长度应与集料撒布机的能力相适应,避免沥青浇洒后等待较长时间才撒布集料。

4)前后两车喷洒的接茬应搭接良好,在相邻两段的接茬处,可用铁板横铺在下段起洒点前及上段终洒点后,接茬长度一般为1~1.5m。当需分幅浇洒时,纵向搭接宽度宜为10~15cm。浇洒第二、三层沥青的搭接缝应错开。

5)不得在潮湿的集料或基层上浇洒沥青。浇洒主层沥青后,应立即用集料撒布机撒铺第一层集料。

(3)撒铺集料。第一层集料在浇洒主层沥青后应立即进行撒布,按规定用量一次撒足,撒布集料应符合下列要求:

1)施工时若使用乳化沥青,其撒铺集料须在乳液破乳前完成。

2)撒铺集料后应及时扫匀,覆盖路面,厚度应一致,集料不应重叠,也不应露出沥青。当局部缺料时,应采用人工方法适当补找。若局部积料过多时,应将多余集料扫出。

3)前幅路面浇洒沥青后,应在两幅搭接处暂留10~15cm宽度不撒石料,待后幅浇洒沥青后一起撒布集料。

(4)碾压。撒布一段集料后,应立即用6~8吨钢筒双轮压路机或轮胎式压路机由路边至中心碾压,每次碾压轮迹应重叠30cm,碾压3~4遍。碾压速度开始不超过2km/h,以后可适当增加。第二层、第五层的施工方法和要求应与第一层相同,但可采用8~10吨压路机。

(5)控制交通与初期养护。除乳化沥青表面置破乳后水分蒸发并基本成型后方可通车外,沥青表面处置在碾压结束后即可开放交通,在通车初期应设专人指挥交通或设置障碍物控制行车,并使路面全部宽度均匀压实,并限制车速不超过 20km/h。

当发现有泛油时,应在泛油处补撒嵌缝料,嵌缝料应与最后一层石料规格相同,并应扫匀。当有过多浮动集料时,应扫出路面,并不得扰动已经黏着在位的集料。若有其他破坏现象,则应及时修补。

二、热拌沥青混合料面层的施工技术

热拌沥青混合料是用适量的沥青材料与一定级配的矿质集料经过充分拌和而形成的混合物。将这种混合物加以摊铺、碾压成型,即成为各种类型的沥青路面。

热拌沥青混合料包括热拌沥青碎石、沥青混凝土、抗滑表层等多种类型。热拌沥青混凝土路面是由几种大小不同的矿料,用沥青作结合料,按一定比例配合,在严格的配合比及温度条件下拌和,经压实形成的路面面层。其特点是矿料、沥青及混合料从拌和到铺筑成型均须在较高的温度范围内完成。

(一)沥青路面原材料的选择

沥青混合料各组成材料的技术要求分述如下:

1. 沥青材料

拌制沥青混合料用沥青材料的技术性质,随气候条件、交通性质、沥青混合料的类型和施工条件等因素而异。通常在较热的气候区或较繁重的交通下,细粒式或砂粒式的混合料则应采用黏稠度较高的沥青;反之,则采用黏稠度较低的沥青。

在其他配料条件相同的情况下,较黏稠的沥青配制的混合料具有较高的力学强度和稳定性,但如黏稠度过高,则沥青混合料的低温变形能力较差,沥青路面容易产生裂缝;反之,在其他配料条件相同的条件下,采用黏稠度较低的沥青虽然配制的混合料在低温时具有较好的变形能力,但在夏季高温时,往往因稳定性不足而使路面产生推挤现象。

沥青路面面层用的沥青标号,宜根据气候条件、施工季节、路面类型、施工方法和矿料类型等选用。其他各层的沥青可采用相同的标号,也可采用不同的标号。通常面层的上层宜用较稠的沥青,下层或连接层宜用较稀的沥青。对于渠化交通的道路宜采用较稠的沥青,当沥青标号不符合使用要求时,可采用不同标号的沥青掺配,但掺配后的技术指标应符合要求。

对高速公路、一级公路、城市快速路、主干路用沥青混合料的沥青,应采用符合《重交通道路用石油沥青技术要求》规定的沥青,对于其他道路用沥青混合料的沥青,应采用符合《中、轻交通道路用石油沥青技术要求》(JTJ 052—93)规定的沥青。煤沥青不得用于面层热拌沥青混合料。

(1)道路石油沥青。沥青路面采用的沥青标号,宜按照公路等级、气候条件、交通条件、路面类型及在结构层中的层位及受力特点、施工方法等,结合当地的使用经验,经技术论证后确定。

对高速公路、一级公路,夏季温度高、高温持续时间长、重载交通、山区及丘陵区上坡路段、服务区、停车场等行车速度慢的路段,尤其是汽车荷载剪应力大的层次,宜采用黏稠度和 60℃ 黏稠度大的沥青,也可提高高温气候分区的温度水平选用沥青等级;对冬季寒冷的地区或交通量小的公路、旅游公路宜选用黏稠度小、低温延度大的沥青;对温度日温差大、年温差大的地区宜注意选用针入度指数大的沥青。当高温要求与低温要求发生矛盾时,应优先考虑满足高温性能的要求。

沥青必须按品种、标号分开存放。除长期不使用的沥青可放在自然温度下存储外,沥青在储罐中的贮存温度宜在 130～170℃。桶装沥青应直立堆放,加盖苫布。

道路石油沥青在贮运、使用及存放过程中应有良好的防水措施,避免雨水或加热管道蒸汽进入沥青中。

(2)乳化沥青。乳化沥青是石油沥青或煤沥青在乳化剂、稳定剂的作用下经乳化加工制得的均匀的沥青产品,也称沥青乳液。乳化沥青的使用方法分为喷洒型(用 P 表示)及拌和型(用 B 表示)乳化沥青两大类。其主要优点为:冷态施工、节约能源;利便施工、节约沥青;乳化沥青施工不需要加热,所以不污染环境;避免了劳动操作人员受沥青挥发物的毒害。

乳化沥青适用于沥青表面处置路面、沥青贯入式路面、常温沥青混合料路面,以及透层、黏层与封层。乳化沥青的类型应根据使用目的、矿料种类、气候条件选用。对酸性石料,以及当石料处于潮湿或在低温状态下施工时,宜采用阳离子乳化沥青;对碱性石料,且石料处于干燥状态或与水泥、石灰、粉煤灰共同使用时,宜采用阳离子乳化沥青。

石料在高温条件下宜采用黏稠度较大的乳化沥青,寒冷条件下宜使用黏稠度较小的乳化沥青。

（3）煤沥青。煤沥青是由煤焦油再经蒸馏加工制成的沥青。煤沥青与石油沥青相比，在技术性质上的差异有：温度稳定性较低，与矿质集料的黏附性较好，气候稳定性较差，以及含对人体有害成分较多、臭味较重。

煤沥青防腐性能好，可以用于木材防腐及地下防水、防腐工程。道路用煤沥青适用于透层、黏层，也可用于三级及三级以下的公路和次干路以下的城市道路铺筑沥青面层，但热拌沥青混合料路面的表面层不宜采用煤沥青。作其他用途时的贮存温度宜为 70～90℃，且不得长时间贮存。煤沥青可与道路石油沥青、乳化沥青混合使用，以改善渗透性。

2.粗集料

沥青混合料用粗集料，可以采用碎石、破碎砾石、筛选砾石、矿渣等。

沥青混合料用粗集料，应该洁净、干燥、无风化、不含杂质。在力学性质方面，压碎值和洛杉矶磨耗率应符合相应道路等级的要求。

粗集料应具有良好的颗粒形状，用于道路沥青面层的碎石不宜采用颚式破碎机加工。

筛选砾石仅适用于三级及三级以下公路和次干路以下的城市道路的沥青表面处置路面和拌和法施工的沥青面层的下面层，不得用于贯入式路面及拌和法施工的沥青面层的中、上面层。

对用于抗滑表层沥青混合料中的粗集料，应该选用坚硬、耐磨、韧性好的碎石或碎砾石，矿渣及软质集料不得用于防滑表层。用于高速公路、一级公路、城市快速道路、主干路沥青路面表面层及各类道路抗滑用的粗集料，应符合相应磨耗值和冲击值的要求。在坚硬石料来源缺乏的情况下，允许掺加一定比例普通集料作为中等或小颗粒的粗集料，但掺加比例不应超过粗集料总质量的 40％。

破碎砾石的技术要求与碎石相同，但破碎砾石用于高速公路、一级公路、城市快速路、主干路沥青混合料时，5mm 以上的颗粒中有一个以上的破碎面的含量不得少于 50％。

钢渣作为粗集料时，仅限于一般道路，并应经过试验论证取得许可后使用。钢渣应有 6 个月以上的存放期，质量应符合相应的要求。

沥青组分中含有表面活性较强的地沥青酸和地沥青酸酐，这些酸和酸酐使碱性石料与沥青的黏附性比酸性石料与沥青的黏附性好，SiO_2 含量高于 65％的集料属于酸性集料，如石英岩、花岗岩等；SiO_2 含量少于 52％的集料属于碱性集料，如石灰岩，某些玄武岩也属于碱性集料，SiO_2 含量介于 52％～65％为中性集料，如鞍山岩，属于酸性岩石的石料用于高速公路、一

级公路城市快速路、主干路时,宜使用针入度较小的沥青,并采用下列抗剥离措施,使其对沥青黏附性符合要求:

(1)用干燥的生石灰或消石灰粉、水泥作为填料的一部分,其用量宜为矿料总量的1%~2%。

(2)在沥青中掺加剥离剂。

(3)将粗集料用石灰浆处理后使用。

粗集料的粒径规格应符合规范要求。如粗集料不符合规范要求,但确认与其他矿料配合后的级配符合各类沥青混合料矿料级配要求时,可以使用。

3.细集料

用于拌制沥青混合料的细集料,可以采用天然砂、人工砂或石屑。

细集料应洁净、干燥、无风化、不含杂质,并有适当的级配范围。细集料的洁净程度,天然砂以小于0.075mm含量的百分数表示,石屑和机制砂以砂当量(适用于0~4.75mm)或亚甲蓝值(适用于0~2.36mm或0~0.15mm)表示。

热拌沥青混合料的细集料宜采用优质的天然砂或人工砂,在缺砂地区,也可以使用石屑,但用于高速公路、一级公路、城市快速路、主干路沥青混凝土面层及抗滑表层的石屑用量不超过天然砂及机制砂。

细集料应与沥青有良好的黏结能力,与沥青黏结性能很差的天然砂、花岗岩、石英岩等酸性石料破碎的机制砂或石屑不宜用于高速公路、一级公路和城市快速路、主干沥青面层。当需要使用时,应采取下列符合规定的抗剥离措施:

(1)用干燥的磨细消石灰或生石灰粉、水泥作为填料的一部分,其用量宜为矿料总量的1%~2%。

(2)在沥青中掺加抗剥离剂。

(3)将粗集料用石灰浆处理后使用。

细集料的级配在沥青混合料中的适用性,应以其与粗集料和填料配制成砂制混合料后,判定其是否符合矿质混合料的级配要求来决定。当一种细集料不能满足级配要求时,可采用两种或两种以上的细集料掺合使用。

4.填料

沥青混合料的填料宜采用石灰岩或岩浆中的强基性岩石(憎水性石料)经磨细得到的矿粉。原石料中泥土含量应小于3%,并不得有其他杂质。

矿粉要求干燥、洁净。当采用水泥、石灰、粉煤灰作填料时,其用量不宜超过矿料总量的 2%。

粉煤灰作为填料使用时,烧失量应小于 12%,塑性指数应小于 4%,其余质量要求与矿粉相同。粉煤灰的用量不宜超过调料总量的 50%。并经试验确认与沥青有良好的黏附性,沥青混合料的水稳定性能满足要求。

拌和机采用干法除尘,石粉尘可作为矿粉的一部分回收使用。湿法除尘、石粉尘回收使用时应经干燥粉尘处理,且不得含有杂质。回收粉尘的用量不得超过填料总量的 50%,掺有粉尘填料的塑性指数不得大于 4%,其余质量要求与矿粉相同。

(二)沥青混合料的拌和

1. 拌和设备的类型和选择

沥青混凝土搅拌设备按工艺流程分为间歇强制式拌和设备和连续强制式拌和设备。

(1)间歇强制式拌和设备。间歇强制式拌和设备的特点为冷矿料的烘干、加热以及与热沥青的拌和,是先后在不同的设备中进行的,其中集料的烘干与加热是连续进行的,混合料的拌制则是间歇地由搅拌器强制拌和。其工作过程如下:

1)不同规格的冷砂石料分别装入不同料斗—各料斗定量给料装置按配合比粗配—粗配后的冷骨料由皮带运输机运输—干燥滚筒内的火焰逆流将冷骨料烘干并加热到足够温度—除尘装置将粉尘分离—热骨料被提升机传输—热骨料由筛分机筛分后存入 4~5 个储料仓储存(以上过程为连续进行)—热骨料计量装置精确计量—搅拌器搅拌。

2)矿粉—矿粉储仓—矿粉定量给料装置搅拌器搅拌。

3)沥青—沥青保温罐—沥青定量装置—搅拌器搅拌。

由上 1)可知矿料经过二次筛分和施工配合比进入搅拌器并与矿粉和沥青一起拌制成沥青混合料。原材料颗粒组成的变化对沥青混合料的矿料组成不会有太多的影响,矿料与沥青的比例也能达到相当精确的程度(油石比误差≤±0.3%)。

由于间歇强制式拌和设备历史悠久,技术已趋完善,并且采用相对较简单的计量技术,即可获得各种沥青混合料较精确的配合比。因此,间歇强制式拌和设备得到了广泛的应用,目前国内大多数拌和设备均属于此类。

(2)连续强制式拌和设备。在连续强制式拌和机中集料的烘干、加热及

混合料的拌制均为连续进行,由搅拌器强制拌和。其工作过程如下:

1)不同规格的冷砂石料分别装入不同料斗—各料斗定量给料装置按配合比送料—冷骨料级配后由变速皮带机传输(以实现油石比控制)—干燥搅拌筒前半段烘干并加热到足够温度—干燥滚筒后半段进行搅拌。

2)矿粉—矿粉储仓—皮带电子秤连续计量—冷骨料皮带输送机(或干燥搅拌筒)。

3)沥青—沥青供给系统—沥青输送系统—计量后的沥青进入干燥搅拌筒—由沥青喷管将沥青喷入干燥搅拌筒后段—与加热后的骨料一起搅拌。

在上述的工艺流程中,冷骨料输送机的转速、沥青的流量可通过控制系统自动调节,以使油石比精确。沥青混凝土混合料的制备在干燥搅拌筒内进行,即动态计量的冷骨料和矿粉连续从干燥滚筒的前部进入采用顺流加热方式烘干加热然后在干燥搅拌筒的后一段与动态计量连续喷洒热态沥青,采取跌落搅拌方式连续搅拌出沥青混凝土混合料。其优点是:工艺简单,投资少;缺点是:骨料的加热采用热气顺着料流的方向进行,所以利用率低,拌制好的混合料含水量较大,且温度也较低(110~140℃)。高等级公路一般不采用连续强制式。

2.沥青混合料的拌制

(1)原材料的准备。热拌沥青混合料拌和前,均应对每批到场的沥青检查其生产厂家所附的试验报告、数量、生产日期及试验结果等。对每批沥青进行抽检,若抽检中发现有不符合要求的,则应加倍检验,若仍有不符合要求的,则应退货。

对进场的碎石、砂、石屑、矿粉等材料都要进行严格检查,不合格材料严禁入场。经选择确定的材料在施工过程中应保持稳定,不得随意变更。

堆料场贮存的集料应为平均日用量的 5 倍以上,集料应加以遮盖,以防雨水。集料的含水量过大则意味着加热时间长,生产能力降低。集料要干净,无垃圾、尘土等杂物,堆放要有序,严格防止不同料径的料混杂。

生产热拌沥青混合料,通常采用 4~5 种不同粗细规格的集料,每种集料置于相应的冷料仓中。各个冷料仓的集料通过仓口下的小皮带(或履带)输送到通往拌和机的大输送带上,仓口开启的大小和皮带运行的速度均直接影响各冷料仓供料的多少。因此,可通过调整冷料仓出料口的开启大小和皮带运行的速度来控制各冷料仓的供料数量(在实际生产中,一般均固定出料口的开启度,通过改变皮带运行的速度调整供料的数量),使混合料的颗粒组成符合目标配合比。

矿粉和沥青量应为平均日用量的 2 倍以上,贮存的矿粉必须加以遮盖,不得浸水,否则将影响矿料配合比精度和拌和机生产效率。

(2)试拌。在拌和厂拌制一种新配合比的混合料之前,或中断了一段时间后重新启用后,均应根据生产配合比进行试拌。通过试拌及抽样试验确定施工时的质量控制指标。

1)对间歇式拌和设备,应根据生产配合比的要求确定拌制每盘混合料时各冷料仓和热料仓的出料数量。对连续式拌和设备,应确定各种矿料送料口的大小及沥青、矿料的进料速度。

2)沥青混合料应按生产配合比确定的沥青用量进行试拌,试拌后取样进行马歇尔试验和抽提试验,并将其试验值与生产配合比试验结果进行比较,来验证沥青用量的合理性,必要时做适当调整。

3)确定适宜的拌和时间。间歇式拌和设备每盘的拌和时间宜为 30～60s,其中干拌时间不小于 5s,最佳拌和时间是使拌出的混合料色泽均匀一致,每个集料颗粒都被沥青膜均匀裹覆,大小颗粒分布均匀所需的最短时间。连续式拌和机的拌和时间由上料速度及拌和温度调节。

4)确定适宜的拌和及出厂温度。应根据不同的沥青品种和不同的沥青混合料来确定拌和时间及出厂温度,可在拌和机的出料口接料检测温度,该温度在规范规定的出厂温度范围内,且混合料色泽均一、流而不散则认为该温度合适。如温度超出规定范围或目测不合格,则须适当调整原材料的加热温度,直至满足要求为止。此时的集料及沥青的加热温度,即可定为正式生产时的加热温度。

拌制是根据配料单进料,严格控制各种材料用量及其加热温度。拌和后的沥青混合料应均匀一致,无花白、离析和结团成块现象。每班抽样做沥青料性能、矿料组成和沥青用量检验。每班拌和结束时,清洁拌和设备和防空管道中的沥青。做好各项检查记录,不符合技术要求的沥青混合料禁止出厂。

3.试铺

高等级公路在施工前应铺筑试验段。铺筑试验段是不可缺少的步骤,应该成为一种制度。

其他等级公路在缺乏施工经验或初次使用重大设备时,也应铺筑试验段。试验段的长度应根据试验目的来确定,宜为 100～200m,太短了不便施工,得不出稳定的数据。试验段宜在直线段上铺筑。如在其他道路上铺筑时,路面结构等条件应相同。路面各层的试验可安排在不同的试验段进行。

热拌热铺沥青混合料路面试验段铺筑分试拌及试铺两个阶段,应包括下列试验内容:

(1)根据沥青路面各种施工机械相匹配的原则,确定合理的施工机械、机械数量及组合方式。

(2)通过试拌确定拌和机的上料速度、拌和数量与时间、拌和温度等操作工艺。

(3)通过试铺确定以下各项:

1)透层沥青的标号与用量、喷洒方式、喷洒温度。

2)摊铺机的摊铺温度、摊铺速度、摊铺宽度、自动找平方式等操作工艺。

3)压路机的压实顺序、碾压温度、碾压速度及碾压遍数等压实工艺。

4)确定松铺系数、接缝施工方法等。

(4)验证沥青混合料配合比设计结果,提出生产用的矿料配比和沥青用量。

(5)建立用钻孔法及核子密度仪法测定密实度的对比关系。确定粗粒式沥青混凝土或沥青碎石面层的压实标准密度。

(6)确定施工产量及作业段的长度,制订施工进度计划。

(7)全面检查材料及施工质量。

(8)确定施工组织及管理体系、人员、通信联络及指挥方式。

在试验段的铺筑过程中,施工单位应认真做好分析记录,监理工程师或工程质量监督部门应监督、检查试验段的施工质量,及时与施工单位商定有关结果。铺筑结束后,施工单位应就各项试验内容提出试验总结报告,并取得主管部门的批复,作为施工依据。

(三)沥青混合料现场施工

1.施工放样

(1)基准形式的选择。基准形式是指摊铺机通过基准线(梁)和行走基准两种方式控制摊铺高程,基准线一般用钢丝绳。通常在摊铺下面层和中面层时,由于下面层的平整度较低,需布设基准线。摊铺机的传感装置通过感应基准线的高程来控制摊铺高程。摊铺表面层时,中面层已具有较高的平整度,其基准形式一般是摊铺机通过滑撬感应中面层的高程来控制摊铺高程。

(2)基准线的布设。基准线是控制铺筑层标高和平整度的关键,可分以下四步进行布设：

第一步：布设钢桩。一般布设在路肩的边缘，距摊铺边缘 30～50cm。桩距直线段宜为 10m，弯道部分酌情适当缩短，以保证路面边缘摊铺圆顺。

桩位最好选用设计图表上的桩号，以便利用其设计高程作为基准线标高的依据，桩的打入深度以桩稳固为度，分别测定下承层上打桩点的高程。

第二步：在桩上套上带托架的套管，使托架垂直于路中线。将实测高程与设计高程作比较，如果两者高程差值在厚度允许误差范围内时，移动套管使套管顶部高程等于实测高程，并固定套管。如果某些测点高程高于设计高程时，应按本层设计厚度放样，移动套管使套管顶部高程等于实测高程与本层设计厚度之和，并固定套管，同时对纵坡进行调整，调坡坡度以千分之一为宜，切忌频繁调坡，影响行车的舒适性。

第三步：首先将钢丝绳的一端固定在支撑桩上；其次将钢丝绳放在各桩的托架上，用紧线器拉紧；最后固定在另一端的支撑桩上。此钢丝绳即为控制摊铺高程的基准线。

第四步：量测基准线与下承层顶面的高度，并与设计厚度进行比较，对不满足的点再作调整。

基准线必须充分拉紧，下垂度不得超过路面平整度的允许偏差值，摊铺过程中施工人员和机具不得碰撞基准桩、线，防止基准线发生偏差影响摊铺效果。

2. 热拌沥青混合料的运输

热拌沥青混合料应采用较大吨位的自卸汽车运输，以减少摊铺机前经常短时换车卸料的情况，用于运输的数量应能与摊铺机的摊铺速度相协调，保证不至于使摊铺机停工待料。施工过程中，摊铺机前一般应保证有不少于 5 辆料车在等候卸料。

车厢应具有紧密、清洁、光滑的金属底板并应打扫干净。为防止沥青混合料与车厢板黏结，在车厢侧板和底部涂刷柴油与水以 1∶3 比例混合的混合液。但要严格控制涂液用量，以均匀涂遍但不积油水为宜。不允许用石油衍生剂来作运料车底板的涂料。

在往运料车上装载沥青混合料时，为减少混合料颗粒离析，应尽量缩短出料口与车厢的下料距离，且自卸车不应停在一个位置上受料，每往车厢内装一斗料，车就移动一次位置。为使装料均匀，分次装料一般以奇数次为宜，一车料最少应分 3 次装载，首先将料放于车厢的前部，其次移动运料车，将料放于车厢的后部，最后再移动运料车，使余下的料在车厢的中部均匀分装。

　　运输车应用篷布覆盖,用以保温、防雨、防污染,卸料时为防止粗、细集料产生离析,可用沥青混合料转运车来消除离析,即先将混合料卸在转运车内,转运车通过二次拌和后再将混合料卸到摊铺车料斗内,沥青混合料运输至摊铺地点后应检查其拌和质量、混合料温度,已结块或遭雨淋不符合温度要求的混合料不能铺筑在道路上。

　　连续摊铺过程中,运料车或转运车应在摊铺机前 10～30cm 处停住不得撞击摊铺机;卸料过程中,运料车或转运车要挂空挡,靠摊铺机推动前进。车厢慢慢升起,将混合料缓缓卸入摊铺机料斗中,要相互配合确保不溜车。

　　3.热拌沥青混合料的摊铺

　　(1)摊铺机的工作原理。混合料运输车将混合料卸入摊铺机接料斗后,由其底部的纵向输送带经流量控制装置将混合料送入螺旋布料器,再由其向两侧输送到预定的摊铺地点。随着摊铺机向前行驶,螺旋布料器输送的混合料就到了熨平装置的夯击锤或振动梁的前缘。先由击实锤或振动梁的夯击或振动,同时将多余的混合料挤走,最后用熨平板熨平。

　　(2)摊铺宽度的确定。全路幅一次摊铺时,能够节约人工和机械,而且铺筑成型的路面表面均匀一致、平整度好、无纵向施工缝;缺点是易造成离析和压实度不足。分路幅多次摊铺则纵向接缝施工困难大,接缝两侧大料较多,密实度差,而且平整度也难掌握。当采用分路幅多次摊铺时,尽量采用多台摊铺机梯队作业的方式,两台摊铺机的距离以前面摊铺的混合料尚未冷却为度,一般为 5～10m。相邻两幅的摊铺应有 5～10cm 左右宽度的摊铺重叠。

　　(3)摊铺机运行应注意的事项。

　　1)摊铺机驾驶员应严格按操作规程的要求进行操作,起步应缓慢、平衡,使摊铺工作有个良好的开端。

　　2)利用导向装置沿着指定线位行驶,使外侧边缘与设计的路面边缘吻合,内侧边缘应顺直以利纵向接缝。弯道部分摊铺时应平缓地转向,以保证摊铺带边缘圆顺。

　　3)摊铺作业应连续、匀速进行、不间断地进行摊铺,摊铺速度在拌和及时的情况下,可适当放慢。摊铺过程中,摊铺机螺旋送料器要不停顿地运转,两侧量(铺筑宽度、厚度等)计算确定,起步控制在 1～2m/min,正常摊铺速度为 3～4m/min,供料要保持有不少于送料器高度 2/3 的混合料,保证在摊铺机全宽度断面上不发生离析。摊铺中如果出现拥包,须立即停机,并倒回重新摊铺。与路缘石结合的地方用人工配合平整。

4)沥青混合料宜在干燥、暖和的天气铺筑;当气温低于10℃时不宜施工,下雨时也应停止摊铺。混合料遇水后,一定不能使用必须报废,所以雨季施工时要注意混合料千万不能淋雨。底面层摊铺要在左右侧各设一条基准线,控制高程,基准线设置一定要满足精度要求,支座要牢固,测量要准确(应用两台水准仪同时观测)。中面层、表面层采用浮动基准梁摊铺(不具备该条件的不准摊铺)。

5)在摊铺过程中应随时检查摊铺层厚度和路拱横坡,不符合要求时应及时进行调整。

6)摊铺机摊铺不到的死角,应采用人工摊铺整形。

4.热拌沥青混合料的压实及成型

热拌沥青混合料的压实应按初压、复压、终压(包括成型)三个阶段进行。沥青混合料压实宜采用钢筒压路机与轮胎压路机或振动压路机组合的方式,压路驱动轮机应以慢而均匀的速度碾压。

(1)初压。沥青混合料经摊铺整形后应立即组织碾压。

碾压路线应从两侧向中央进行,相邻碾压带应重叠轮宽的1/3～1/2,最后碾压中心部分,在压完全幅为一遍,当边缘有挡块、路缘石、路肩等支挡时,应紧靠支挡碾压;初压用10～12吨的双轮钢筒压路机以1.5～2.0km/h的速度碾压两遍。碾压时应将驱动轮面向摊铺机,以防产生推移现象;碾压路线及方向不应突然改变,压路机起动、停止时须慢速进行;为防止压路机碾压过程有沥青混合料粘轮现象发生,压路机均安装自动喷水装置,喷洒少量的洗衣粉溶液。初压阶段应及时检查并消除不平、蜂窝、裂纹和拥包等常见的缺陷。

(2)复压。初压形成工作面后,复压即可开始。现场质量人员以插旗的方式划分路面不同的温度段。由于轮胎压路机能调整轮胎的内压,可以得到所需的接触地面压力,使骨料相互咬合,易于获得均一的密实度,而且密实度可以提高2%～3%,所以复压阶段最好用总重量不小于15吨的轮胎压路机碾压,碾压速度宜控制在5km/h左右,碾压时相邻碾压带应重叠1/3～1/2的碾压轮宽度。若采用振动压路机时,倒车时应先停止振动,前进时再开始振动,以免形成鼓包。

复压是碾压过程中最重要的阶段,混合料能否达到规定的密实度,关键全在于复压阶段的碾压。复压应碾压至稳定无显著轮迹为止,一般不少于6遍。

（3）终压。终压紧接在复压后进行,终压应采用双轮钢筒式压路机或关闭振动的振动压路机碾压,目的是消除复压留下的轮迹及其他表面缺陷(终了温度＞80℃),一般需 2～4 遍。

压路机不得停留在温度高于 80℃ 的已经压过的混合料上,同时,应采取有效措施,防止油料、润滑脂、汽油或其他有机杂质在压路机操作或停放期间洒落在路面上。

在摊铺和碾压过程中,要组织专人进行质量检测控制和缺陷修复。压实度检查要及时进行,发现压实度不够时在规定的温度内及时补压,在压路机压不到的其他地方,应采用手夯或机夯把混合料充分压实。

5.接缝处理

沥青混凝土路面的各种施工缝(包括纵缝及横缝)都必须密实、平顺,接缝前其边缘应扫净、刨齐,刨齐后的边缘应保持垂直。

（1）纵缝施工。

热接缝:摊铺时采用梯队作业的纵缝应采用热接缝。即将已铺筑的沥青混合料留下 10～20cm 不碾压,作为后摊铺的基准面,后摊铺面应与先摊铺面重叠 5cm 左右(在碾压前进行平整)。最后跨缝碾压。

冷接缝:半幅施工不能采用热接缝时,宜加设挡板或采用切刀切齐。铺另半幅前必须将缝边缘清扫干净,并涂洒少量黏层沥青。摊铺时应重叠在已铺层上 5～10cm,摊铺后人工将摊铺在前半幅上面的混合料铲走。

碾压时,应先在已压实的路面上行走,碾压新铺层 10～15cm,然后逐次向新铺部分移动 10～15cm,直至最终完全在新铺路面上碾压,充分将接缝碾压密实。上下层的纵缝应错开 15cm 以上,表层的纵缝应顺直。

（2）横缝施工。由于工作中断,摊铺材料的末端已经冷却,或者在第二天恢复工作时,就应做成一道横缝。横缝与铺筑方向大致成直角,严禁使用斜接缝。横缝在相邻的层次和相邻的行程间均应至少错开 1m。横缝应有一条垂直经碾压成的良好边缘。在下次行程摊铺前,应在上次行程的末端涂刷适量黏层沥青,并注意设置整平板的高度,为碾压留出适当预留量。

横缝的碾压是工作中的重要一环。碾压带的外侧应放置供压路机行驶的垫木,碾压时压路机应位于已压实的混合料层上,伸入新铺层的宽度为 15cm。然后每压一遍向新铺混合料移动 15～20cm,直至全部在新铺层上为止,再改为纵向碾压。

当相邻摊铺层已经成型,同时又有纵缝时,可首先用钢筒式压路机沿纵缝碾压一遍,其碾压宽度为 15～20cm,其次再沿横缝作横向碾压,最后进行正常的纵向碾压。

6.开放交通

热拌沥青混合料路面应等摊铺层完全自然冷却,混合料表面温度低于50℃(石油沥青)或45℃(煤沥青)后开放交通。

第四节　公路工程水泥混凝土路面施工技术

一、水泥混凝土路面人工小型机具的施工技术

小型机具施工法的施工程序为:安装模板;设置传力杆;混凝土的拌和与运送;混凝土的摊铺和振捣;接缝的设置;表面整修;混凝土的养护与填缝。

(一)边模的安装

在摊铺混凝土前,应先安装两侧模板。如果采用手工摊铺混凝土,则边模的作用仅在于支撑混凝土,可采用厚4~8cm的木模板,在弯道和交叉口路缘处,应采用1.5~3cm厚的薄模板,以便弯成弧形。条件许可时宜用钢模,这样做不仅节约木材,而且能够保证工程质量。钢模可用厚4~5mm的钢板冲压制成,或用3~4mm厚钢板与边宽40~50mm的角钢或槽钢组合构成。

侧模按预先标定的位置安放在基层上,两侧用铁钎打入基层以固定位置。模板顶面用水准仪检查其标高,标高不符合时应予以调整。模板的平面位置和高程控制都很重要,稍有歪斜和不平,都会反映到面层,使其边线不齐,厚度不准和表面呈波浪形。因此,施工时必须经常校验,严格控制。模板内侧应涂刷肥皂液、废机油或其他润滑剂,以便利于拆模。

(二)传力杆设置

当两侧模板安装好后,即在需要设置传力杆的胀缝或缩缝位置上设置传力杆。混凝土板连续浇筑时设置胀缝传力杆的做法:一般是在嵌缝板上预留圆孔以便传力杆穿过,嵌缝板上面设木制或铁制压缝板条,其旁边再放一块胀缝模板,按传力杆位置和间距,在胀缝模板下部挖成"倒U形"槽,使

传力杆由此通过。传力杆的两端固定在钢筋支架上，支架脚插入基层内。

对于不连续浇筑的混凝土板在施工结束时设置的胀缝，宜用顶头木模固定传力杆的安装方法。即在端模板外侧增设一块定位模板，板上同样按照传力杆间距及杆径钻成孔眼，将传力杆穿过端模板孔眼并直至外侧定位模板孔眼。两模板之间可用传力杆一半长度的横木固定。继续浇筑邻板时，拆除挡板、横木及定位模板，设置胀缝板、木制压缝板条和传力杆套管。

(三)制备与运送混凝土混合料

混合料的制备可采用两种方式：一是在工地由拌和机拌制；二是在中心工厂集中制备，随后用汽车运送到工地。

在工地制备混合料时，应在拌和场地上合理布置拌和机、砂石、水泥等材料的堆放地点，力求提高拌和机的生产率。拌制混凝土时，要准确掌握配合比，特别要严格控制用水量。每天开始拌和前，应根据天气变化情况，测定砂、石材料的含水量，以调整拌制时的实际用水量，每拌的所用材料应过秤。量配的精确度对水泥为 $\pm 1.5\%$，砂为 $\pm 2\%$，碎石为 $\pm 3\%$，水为 $\pm 1\%$。每一工班应检查材料量配的精确度至少 2 次，每半天检查混合料的坍落度 2 次，拌和时间为 $1.5 \sim 2.0$min。

混合料用手推车、翻斗车、自卸汽车或搅拌运输车运送。合适的运距视车辆种类和混合料容许的运输时间而定。通常，夏季不宜超过 $30 \sim 40$min，冬季不宜超过 $60 \sim 90$min。高温天气运送混合料时应采取覆盖措施，以防混合料中的水分蒸发。运送用的车厢必须在每天工作结束后，用水冲洗干净。

在中心拌和场地(厂拌)集中拌制时，可由搅拌运输车运送到施工现场进行摊铺。

(四)摊铺和振捣

当运送混合料的车辆运达摊铺地点后，一般直接倒向安装好侧模的路槽内，并用人工找补均匀。要注意防止出现离析现象。摊铺时应考虑混凝土振捣后的沉降量，虚高可高出设计厚度 10% 左右，振实后的面层标高同设计标高相符。

混凝土混合料的振捣器具，应由平板振捣器($2.2 \sim 2.8$kW)、插入式振捣器和振动梁(各 1kW)配套作业。混凝土路面板厚在 0.22m 以内时，一般可一次摊铺，用平板振捣器振实，凡振捣不到之处，如面板的边角部、窨井、进水口附近,以及设置钢筋的部位,可用插入式振捣器进行振实;当混凝土板厚较大时,可先插入振捣器振捣,然后再用平板振捣器振捣,以免出现蜂窝现象。

平板振捣器在同一位置停留的时间,一般为 10~15s,以达到表面振出浆水,混合料不再沉落为宜。平板振捣后,用带有振捣器的,底面符合路拱横坡的振捣梁,两端搁在侧模上,沿摊铺方向振捣拖平。拖振过程中,多余的混合料将随着振捣梁的拖移而刮去,低陷处则应随时补足。随后,再将直径为 75~100mm 的无缝钢管,两端放在侧模上,沿纵向滚压一遍。

必须注意,当摊铺或振捣混合料时,不要碰撞模板和传力杆,以避免其移动变位。

(五)筑做接缝

1. 胀缝筑做

先浇筑胀缝一侧混凝土,取出胀缝模板后,再浇筑另一侧混凝土,钢筋支架浇在混凝土内。压缝板条使用前应涂废机油或其他润滑油,在混凝土振捣后,先抽动一下,最迟在终凝前将压缝板条抽出。抽出时为确保两侧混凝土不被扰动,可用木板条压住两侧混凝土,然后轻轻抽出压缝板条,再用铁抹板将两侧混凝土抹平整。缝隙上部浇灌填缝料,留在缝隙下部的嵌缝板是用沥青浸制的软木板或油毛毡等材料制成的。

2. 横向缩缝筑做

混凝土结硬后,应适时切缝。切缝时间应控制在混凝土获得足够的强度,而收缩应力并未超出其强度范围时,以防切缝不整齐或出现早期裂缝。一般切缝时间以施工温度与施工后时间乘积为 200~300 个温度小时或混凝土的抗压强度为 0.8MPa 时比较合适。

切缝一般用下列两种方法筑做:

(1)切缝法。在混凝土捣实整平后,利用振捣梁将 T 形震动刀准确地按缩缝位置震出一条槽,随后将铁制压缝板放入,并用原浆修平槽边。当混凝土收浆抹面后,再轻轻取出压缝板,并立即用专用抹子修整缝缘。这种做法要求谨慎操作,以免混凝土结构受到扰动和接缝边缘出现不平整(错台)。

(2)锯缝法。在结硬的混凝土中用锯缝机(带有金刚石或金刚砂轮锯片)锯割出要求深度的槽口。这种方法可保证缝槽质量且不扰动混凝土结构。但要掌握好锯割时间,过迟会因混凝土过硬而使锯片磨损过大且费工,而且更主要的是可能在锯割前混凝土会出现收缩裂缝;过早混凝土因还未结硬,锯割时槽口边缘易产生剥落。合适的时间视气候条件而定,炎热而多风的天气,或者早晚气温有突变时,混凝土板会产生较大的湿度或温度坡差,使内应力过大而出现裂缝,锯缝应在表面整修后 4 小时开始。如天气较冷,一天内气温变化不大时,锯割时间可推迟至 12 小时以上。

切缝以调深调速的切缝机锯切效果较好,为减少早期裂缝,切缝可采用跳仓法(每隔几块板切一缝,然后再逐块锯切)。切缝深度为板厚的 1/4~1/3,切缝太浅会引起不规则断板。

(3)纵缝筑做。筑做企口式纵缝,模板内壁要做成凸榫状。拆模后,混凝土板侧面即形成凹槽。需设置拉杆时,模板在相应位置处要钻成圆孔,以便拉杆穿入。浇筑另一侧混凝土前,应先在凹槽壁上涂抹沥青。

(六)表面整修与防滑措施

混凝土终凝前必须用人工或机械抹平其表面。当用人工抹平时,不仅劳动强度大、效率低,而且还会把水分、水泥和细砂带至混凝土表面,致使它相比下部混凝土或砂浆有较高的干缩性和较低的强度。而采用机械抹面时可以克服以上缺点。目前国产的小型电动抹面机有两种装置:装上圆盘即可进行粗光;装上细抹叶片即可进行精光。在一般情况下,面层表面仅需粗光即可。抹面结束后,有时再用拖光带横向轻轻拖拉几次。

为保证行车安全,混凝土表面应具有粗糙抗滑的表面。最普通的做法是用棕刷顺横向在抹平后的表面上轻轻刷毛;也可用金属丝梳子梳成深 1~2mm 的横槽。近年来,已采用一种更有效的方法,即在已硬结的路面上,用锯槽机将路面锯割成深 5~6mm、宽 2~3mm、间距 20mm 的小横槽。也可在未结硬的混凝土表面塑压成槽,或压入坚硬的石屑来防滑。

二、滑模摊铺机铺筑的施工技术

水泥混凝土路面滑模施工在我国是一项新型技术。技术要求高、难度大,要求全方位地精心组织施工。

滑模式摊铺机的机架支承在四个液压缸上,可以通过控制机械上下移动,以调整摊铺机铺层的厚度。这种摊铺机一次可完成摊铺、振捣、整平等多道工序。

滑模式摊铺机的摊铺过程为:先由螺旋摊铺器把堆积在基层上的水泥

混凝土向左右横向铺开,刮平器进行初步刮平,然后用振捣器进行捣实,刮平器进行整平,形成密实而平整的表面,再利用搓动式振捣板对混凝土层进行振实和整平,然后用光面带进行光面。

(一)基准线设置

滑模摊铺水泥混凝土路的施工基准设置有基准线、滑靴、多轮移运支架和搬动方铝管等多种方式。根据我国当前的基层平整度现状,滑模摊铺水泥混凝土路面的施工基准线设置宜采用基准线方式。

1.基准线形式

基准线设置形式视施工需要可采用单向坡双线式、单向坡单线式和双向坡双线式三种。单向坡双线式基准线的两根基准线间的横坡应与路面一致。单向坡双线式基准必须在另一侧具备适宜的基准,路面横向连接摊铺的横坡应与已铺路面一致。双向坡双线式基准线的两根基准线直线段应平行且间距相等,并对应路面高程,使路拱靠滑模摊铺机调整自动铺成。滑模摊铺机应具备两侧 4 个水平传感器和 1 侧两个方向传感器,沿基准线滑行,摊铺出路面所要求的方向、平面、高程、横坡、板厚、弯道等。

2.基准线器具

(1)基准线材料:应使用 3~5mm 的钢绞线,总长度不少于 3000 米。

(2)基准线桩具:基准线桩宜使用直径 12mm 的圆钢筋,总高度宜为 120cm,一端打尖,每根桩应配备一个架臂和扣和一个夹线臂。架臂扣在基准线桩上可上下移动并固定,并使夹线臂可左右移动并固定。基准线桩具不少于 300 套。

(3)基准线安装器具:紧线器 5 个、固定扳手 2 把、大锤 2 把、水准仪或全站仪 1 台、水准尺 2 杆、钢卷尺 2 把。

3.基准线设置标准

(1)基准线横向支距:基准线桩固定位置到摊铺面板边缘的横向支距应根据滑模摊铺机侧模到传感器的位置而定,一般 2~4 履带跨中摊铺,两侧路面边缘宽度宜不小于 1m,最小不得小于 0.65m。基准线上的标高应为其所在位置的路面边缘高程计入支距横坡高度后,加上设定的架设高度。

(2)基准线横向间距:基准线的横向间距为摊铺宽度加一侧(单线)或两侧(双线)横向支距双线式基准线的垂直横向线间距应相等,单线式基准线到摊角边缘间距应相等。

（3）基准线桩纵向间距：平面直线段应小于等于 10m，圆曲线段视弯道半径大小，一般可为 5～7m。在小半径弯道或山区极小半径回头弯道上，内侧宜为 2.5～5m，外侧宜为 3.5～7m；平面缓和曲线段和纵断面竖曲线段宜为 5～10m。实际设置基准线桩距离可小于上述值，但不得大于给定尺寸。

（4）基准线桩固定：基层顶面到夹线臂的高度宜为 45～75cm，自基准线所在位置的路面边缘高程算起的基准线统一架设高度宜为 25～50cm。基准线桩夹线臂夹口到桩的水平距离宜为 30cm。夹线臂到桩顶垂直距离宜为 15cm。基准线桩应牢固打入基层 15～25cm。当打入困难时，应采用电钻钻孔后再钉牢固。

（5）基准线长度：一根基准线的最大长度不得大于 450m。超过此长度并需要继续摊铺时，应续接基准线，续接方式应通过同一个过渡桩的夹线臂口平顺连接。

（6）基准线张紧：基准线两端应各设一个紧线器，并应偏置在基准线桩外侧 30～50cm 处。在第一根桩与紧线器之间，应设一根扯线桩，扯线桩的夹臂应低于基准线桩夹线臂，扯线桩应钉牢固，不会因弯道水平拉力而倾斜。基准线必须张紧，每侧基准线应施加大于等于 1kN 的拉力。张紧后基准线上的垂度不应大于 1.0mm，基准线应先张紧，再扣进夹线臂槽口。

（7）已铺路面上设置基准线：连接摊铺路面或悬臂式连接摊铺硬路肩路缘石时，在已铺路面上设置基准线，可采用 20cm×20cm 混凝土底座锚固基准线桩或使用角钢焊接基准线桩。设置时，每 5m 插入路面已切割的缩缝槽内，用木楔别紧，在路面上基准线高度宜用 15～30cm。

（8）中央路拱：根据摊铺机的不同，有抛物线和折线路拱两种设置。在有中央路拱的平曲线及缓和曲线路段。

（9）最小弯道半径和最大纵坡：在山区公路上可施工带超高时，滑模摊铺机的最小弯道半径不应小于 50m；带加长侧模板的滑模摊铺机可施工的最小弯道半径不应小于 75m，否则应使用其他方式摊铺，摊铺机满负荷施工的最大纵坡上坡宜为 5%，下坡宜为 6%；施工山区路面的极限纵坡为 7%，如果大于 7%，应缩窄摊铺，基准线桩桩距应加密到 3.5～5m。

4.基准线精度

滑模摊铺水泥混凝土路面基准线设置精度应达到规定值，验收时应满足最大允许偏差值的规定。基准线宜在摊铺前一天完成设置。基准线设置好以后，应进行校核复测，并注意防止弯道和渐变段出现差错。

5.施工要求

基准线设置好以后,禁止扰动。摊铺时,严禁碰撞和振动。一旦碰撞变位,应立即重新测量设定。基准线接头不得大于 1cm。每 100m 基准线不得多于 2 个接头。多风季节施工时,应缩小基准线间距。风力达到 5~6 级时,应停止施工。

(二)混凝土搅拌

1.搅拌站的配套容量

每台搅拌楼的配套设备应满足水电供应可靠的要求,原材料应充足,最少不得小于当天的施工用量。

2.配料精度

每台搅拌楼在投入生产前,必须通过法定计量部门标定,并试拌正常。在标定有效期满或搅拌楼搬迁安装完毕后,均应重新标定。搅拌楼配料计量误差不得超过相关规定。施工中应经常校验搅拌楼计量精度。滑模混凝土应配备和采用有计算机自动称料和砂含水量自动反馈控制系统的搅拌楼进行生产,不得使用手动配料,禁止使用体重法计量的简易自落滚筒式搅拌机拌和。在搅拌过程中还应打印出每盘或连续称料的配料数据和误差,按需要打印每天(周、旬、月)对应摊铺桩号混凝土配料的统计数据及误差。通过打印数据发现配料误差大于下表计量精确度要求时,应分析原因,排除故障,保证拌和计量的精度。

3.外加剂使用

外加剂应以溶液掺加。外加剂溶液浓度应根据配合比试验确定的外加剂掺量,在间歇搅拌楼上,按所配备的外加剂溶液筒的容量和每盘水泥用量计算得出。连续式搅拌应按流量比例控制加入外加剂。加入搅拌锅的外加剂应充分溶解,并防止不同的外加剂溶液因比重不同而分层富集。外加剂溶液应于施工前一天配制好,并在施工中连续不断地搅拌均匀。

4.拌和质量检验与控制

(1)施工开始后及搅拌过程中都应按规定的频率检验坍落度、坍落度损失、含气量、泌水量、混凝土凝结时间、砂石料含水量及混凝土容重等,并按标准方法预留规定数量的弯拉强度试件。在寒冷或炎热气候下施工,混凝土拌和机出料时的温度应分别控制在 10~35℃,并应加测原材料温度、拌和物的温度、坍落度损失率和凝结时间等。

（2）混凝土拌和物应均匀一致，不得有未加水的干料、未拌匀的生料和离析等现象，干料和生料禁止用于路面摊铺。一台搅拌楼每盘之间和其他搅拌楼之间，混凝土拌和物的坍落度允许误差为±1cm。试拌及滑模摊铺时的坍落度，应按最适宜滑模摊铺的坍落度值加上当时气温下运料所耗时间的坍落度损失值来确定。在雨天或阵雨后，应按砂石料实际含水率及时微调加水量。

5. 最短搅拌时间

根据拌和物的黏聚性（熟化度）、均质性及强度稳定性由试拌来确定最短搅拌时间。一般情况下，单立轴式搅拌机总拌和时间为80～120s；双卧轴式搅拌机总拌和时间为30～35s；连续式（双锅）搅拌机的最短搅拌时间不得低于40s，最长搅拌时间不宜超过高限值2倍。在保证拌和物质量的前提下，应科学编制搅拌计算机程序，合理压缩搅拌时间，以增加滑模混凝土的产量。

（三）混凝土运输

混凝土运输要根据施工进度、运量、运距及路况，按照规定配备车型和车辆总数。总运力应比总拌和能力略有富余。

1. 运输时间

运输到现场的混凝土拌和物的坍落度有所损失，但必须适宜滑模摊铺。摊铺完毕允许最长时间，应根据气温及摊铺现场拌和物达到规定的工作性历时确定，并宜短于拌和物的初凝时间1小时。运输允许最长时间宜短于摊铺允许最长时间0.5小时。混凝土拌和物从搅拌机出料到运输、摊铺完毕的允许最长时间应符合相关规定。

2. 运输技术要求

（1）运送混凝土的车辆，在装料时，应防止混凝土离析，每装一盘料应挪动一下车位，卸料落差高度不得大于2m。驾驶员必须了解拌和物的运输、摊铺完毕的允许最长时间，超过摊铺允许最长时间的混凝土不得用于路面摊铺。混凝土一旦在车内停留超过初凝时间，应采取紧急措施处理，以防止混凝土硬化在车厢内或罐车内。

（2）混凝土运输过程中要防止漏浆、漏料和污染路面。烈日、大风、雨天和冬季施工时，应遮盖自卸车上的混凝土。运输车辆在每次装混凝土前，均应将车厢清洗干净并洒水湿润。

（3）使用翻斗车运输混凝土时，最大运输半径不宜超过 20km，超过时，宜采用搅拌罐车运输混凝土。

（四）钢筋安装和混凝土布料

1. 钢筋安装技术要求

滑模摊铺钢筋混凝土路面、桥面、双层钢筋网桥头搭板及连接胀缝支架，在布料时，钢筋网和支架刚度均必须焊接加强。

（1）单层钢筋混凝土路面的钢筋网应有 $4\sim6$ 根/m^2 焊接支架钢筋。

（2）在铺装桥面钢筋网之前，应先焊接梁之间的横向连接钢筋，并不应小于 3 根/延米，然后安装锚固钢筋，再将钢筋网与锚固钢筋焊接，数量应为 $4\sim6$ 根/m^2。层间剪应力大处（如梁端）取大值，剪应力小处（如跨中）可取小值。

（3）桥头搭板或通道上部双层钢筋网，应焊接环形箍筋，数量不少于 $4\sim6$ 根/m^2。

（4）搭板端部钢筋必须与胀缝钢筋支架相焊接，焊接点不应少于 4 个/m。

（5）钢筋混凝土路面和桥面单层钢筋网、桥头搭板双层钢筋网及连接胀缝钢筋支架的两侧宽度应小于摊铺宽度 3cm，纵向工作缝与后铺的横向连接路面应采用侧向加密拉杆形式。桥面钢筋网横向钢筋应连续。双车道摊铺的桥面板或搭板中间均不插拉杆，不切纵缝，使钢筋网整体连续。桥面板宜在反弯矩部位切缝，并用接缝钢筋补强。斜交桥涵的变形板全部在钢筋混凝土搭板上调整，锐角加密焊接钢筋网补强。滑模施工的水泥混凝土路面均宜为矩形板，并取消边缘和角隅补强钢筋。

2. 混凝土布料技术要求

（1）滑模摊铺普通水泥混凝土路面，必须有专人指挥车辆均匀卸料。滑模摊铺时，机前的最高料位高度不得高于松方控制板上缘，料位的正常高度应在螺旋布料器叶片上缘以下，也不得缺料。

（2）采用布料机施工，松铺系数应视坍落度大小由试铺确定，当坍落度在 $1\sim5$ cm 时，松铺系数宜在 $1.08\sim1.15$；坍落度为 3cm 时，松铺系数宜控制在 1.1 左右。布料机与滑模摊铺机之间的施工距离应控制在 $5\sim10$ cm。夏天日照强，风大，取小值；阴天，湿度大，无风，可取大值。

（3）采用布料机以外的布料方式摊铺钢筋混凝土路面、桥面或搭板时，禁止任何机械直接开上钢筋网。宜在钢筋外侧使用挖掘机或吊斗均衡卸料布料，也可使用便桥板凳加吊车汽车直接卸料或挖掘机布料，但均不得缺料。

(五)滑模摊铺水泥混凝土路面

1.滑模摊铺前的检查

滑模摊铺前，应对施工现场准备工作进行检查：

(1)检查板厚：每20m垂直于两侧基准线挂横线，用钢尺单车道测3点、双车道测5点垂直高度，减去基准线设定高度，即为单个板厚，3~5个值的平均值为该断面平均板厚。每200m10个断面的均值为该路段平均板厚。路段平均板厚不应小于设计板厚；断面平均板厚不应比设计板厚薄5mm；单个板厚极小值不应比设计板厚薄10mm。不满足上述要求时，应采取有效措施以保证板厚。

(2)检查辅助施工设备机具：拉毛养护机、布料机械、发电机等应全部到场并试运转正常。端模板、手持振捣棒、抄平梁、传力杆定位支架、拉杆、拉毛耙、工作凳、拖行工具、养护剂及其喷洒工具等所有施工器具和工具，应全部到位并状态良好。

(3)检查基层：基层局部破损应修补整平，基层上的裂缝应处理完毕，摊铺路面的基层及履带行走部位均应清扫干净并洒水湿润，积水应扫开。

(4)横向连接摊铺检查：前次摊铺路面纵缝的溜肩胀宽部位应切割顺直。前次摊铺安装的侧边位杆应校正扳直，缺少的拉杆应钻孔锚同植入。纵向施工缝的上半部缝壁应填充饱满的沥青。

2.滑模摊铺机工作参数初设

对滑模摊铺机所有机构工作部件应进行正确施工位置的初步设定，并将这些正确施工参数通过试铺调整固定下来，正式摊铺时宜根据情况变化进行微调。

(1)振捣棒下缘位置应在挤压板最低点以上，横向间距不宜大于45cm，均匀排列；两侧最边缘振捣棒与摊铺边缘距离不宜大于25cm。

(2)挤压底板前倾角宜设置3°左右。提浆夯板位置宜在挤压底板前缘以下5~10mm之间。无须设前仰角的滑模摊铺机可将挤压底板前后调水平。

(3)设超铺角的滑模摊铺机两边缘超高程根据料的黏稠度应在3~

8mm 间调整。带振动搓平梁的滑模摊铺机应将搓平梁前沿调整到与挤压板后沿高程相同,搓平梁的后沿比挤压底板后沿低 1～2mm,并与路面高程相同。

3.滑模摊铺机首次摊铺位置校准

首次摊铺前,应在直线路段采用钉桩或基准线法校准滑模摊铺机挤压底板四角点高程和侧模前进方向。4 个水平传感器控制挤压底板四角高程,两个方向传感器进行导向控制。按路面设计高程、横坡度或路拱测量设定 2～3 根基准线或 4～6 个桩,将 6 个传感器全挂上两侧基准线,并检查传感器的灵敏度和反应方向,开动滑模摊铺机进入设好的桩位或线位,调整水平传感器立柱高度,使滑模摊铺机挤压底板恰好落在精确测量设置好的木桩或基准线上,同时,调整好滑模摊铺机机架前后左右的水平度。令滑模摊铺机挂线自动行走,再返回校核 1～2 遍,正确无误后,方可开始摊铺。

4.初始摊铺路面参数校正

在开始摊铺的 5m 内,必须对所摊铺出的路面标高、边缘厚度、中线、横坡度等技术参数进行复核测量。机手应根据测量结果,在滑模摊铺机行进中及时缓慢地反向旋转滑模摊铺机上水平传感器立柱手柄,校准挤压底板摊铺路面的高程和横坡,误差应在规定值范围内。及时调整拉杆打入深度压力和抹平板的压力及边缘位置。检查摊铺中线时,应在设方向传感器的一侧,通过钢尺测量基准线到滑模摊铺机侧模前后的横向距离,有误差时,缓慢微调前后两个方向传感器架立横梁伸出的水平距离,消除误差。

禁止停机剧烈调整高程、中线及横坡等,以免严重影响平整度等质量指标。滑模摊铺机从起步到调整直至正常摊铺,应在 10m 内完成,并应将滑模摊铺机工作参数设置固定保护起来,不允许非操作手更改或撞动。第二天的连接摊铺,应先检查滑模摊铺机挤压底板 4 个角点的位置,再将滑模摊铺机后退到前一天做了侧向收口工作缝的路面内,从挤压底板前缘对齐工作缝端部开始摊铺。

5.滑模摊铺机的操作要领

(1)机手操作滑模摊铺机应缓慢、匀速,连续不间断地摊铺。滑模摊铺速度,根据拌和物的稠度和设备性能可控制在 0.5～2.0m/min 之间,一般宜为 1m/min。当料的稠度发生变化时,先调振捣频率,后改变摊铺速度,不得在料多时追赶,然后随意停机等待,间歇摊铺。

(2)摊铺中,机手应随时调整松方高度控制板进料位置,开始应设略高些,以保证进料。正常状态下保持振捣仓内砂浆料位高于振捣棒 10cm 左右,料位高低上下波动宜控制在±4cm 之内。

(3)滑模摊铺机以正常摊铺速度施工时,振捣频率可在 6000～11000r/min 之间调整,宜用 9000r/min。应防止混凝土过振、漏振、欠振。机手应随时根据混凝土的稠度大小,调整摊铺的速度和振捣频率。当混凝土显得偏稀时,应适当降低振捣频率,加快摊铺速度,但最快不得超过 3m/min,最小振捣频率不得小于 6000r/min;当新拌混凝土偏干时,应提高振捣频率,但不得大于 11000r/min,并减慢摊铺速度,最小摊铺速度宜控制在 0.5～1m/min。滑模摊铺机起步时,应先开启振捣棒振捣 2～3m/min,再推进,滑模摊铺机脱离混凝土后,应立即关闭振捣棒。

(4)滑模摊铺纵坡较大的路面,上坡时,挤压底板前仰角宜适当调小,同时适当调小抹平板压力;下坡时,前仰角宜适当调大,抹平板压力也宜调大。抹平板合适的压力宜为板底 3/4 长度接触路面抹面产生的压力。

(5)滑模摊铺弯道和渐变段路面时,单向横坡,使滑模摊铺机跟线摊铺,应随时观察并调整抹平板内外侧的抹面距离,防止压垮边缘。摊铺中央路拱时,在计算机控制条件下,输入弯道和渐弯段边缘及拱中几何参数,计算机自动控制生成路拱;手控条件下,机手应根据路拱消失,生成几何位置,在给定路段范围内分级逐渐消除或调成设计路拱。

(6)摊铺单车道路面,应视路面的设计要求配置一侧或双侧打纵缝拉杆的机械装置。侧向拉杆装置的正确插入位置应在挤压底板的中下部或偏后部。拉杆打入分手推、液压、气压 3 种方式,压力应满足一次打(推)入到位的要求,不允许多次打入。同时摊铺两个以上车道时,除侧向打拉杆装置外,还应在假纵缝位置中间配置 1 个以上的拉杆自动插入装置,该装置有机前插和机后插两种。机前插时,应保证拉杆的设置位置;机后插时,要保证其插入部位混凝土的密实度。带振动搓平梁和振动修复的滑模摊铺机应选择机后插入式,其他滑模摊铺机可使用机前插入式。打入的拉杆必须处在路面板厚的中间位置。中间和侧向拉杆打入的高低误差不宜大于±3cm,倾斜及前后误差不宜大于±4cm。

(7)机手应随时密切观察所摊铺的路面效果,注意调整和控制摊铺速度,振捣频率,夯实杆、振动搓平梁和抹平板位置、速度和频率。软拉抗滑构造表面砂浆层厚度宜控制在 4mm 左右,硬刻槽路面的砂浆表层厚度宜控制在 2mm 左右。

(8)连接摊铺时,滑模摊铺机一侧履带上前次水泥混凝土路面的时间应控制在养护 7 天以后,最短不得少于 5 天。同时钢履带底部应铺橡胶垫或使用有挂胶履带的滑模摊铺机。纵向连接摊铺路面时,应对连接纵缝部位人工进行修整,连接纵缝的横向平整度符合不同公路等级的要求,并用钢丝刷刷干净黏附在前幅路面上的砂浆,应刷出粗细抗滑构造。

6.滑模摊铺中出现问题的解决

滑模摊铺的表面应平滑,几何形状规矩,不应出现麻面、拉裂、塌边、溜肩等病害现象,出现问题应立即查找原因,迅速采取措施。

(1)摊铺中应经常检查振捣棒的工作情况。发现在路面横断面某处多次出现麻面或拉裂现象,表示该处的振捣棒出了问题,必须停机检查或更换该处的振捣棒。摊铺后,发现路面上留有振捣棒拖出的发亮的砂浆条带,则表明振捣棒位置偏深,必须调整正确位置至振捣棒底缘在挤压底板的后缘高度以上。

(2)在摊铺宽度大于等于 8m 的双(多)车道路面时,若左右卸了两车稠度不一致的混凝土,摊铺速度应按偏干一侧设置,并应将偏稀一侧的振捣棒频率迅速调小。

(3)滑模摊铺路面出现横向拉裂现象,应从以下方面进行检查:①拌和物的局部或整体过干硬、离析,集料粒径过大时,不适宜滑模摊铺,若在该部位摊铺速度过快,则会使振捣频率不够,导致混凝土因未振动液化而拉裂,应降低摊铺速度,提高振捣频率;②挤压底板的位置和前仰角设置是否变化,前倒角时必定拉裂,前仰角过大,也可能拉裂,应在行进中调整前两个水平传感器,即改变挤压底板为适宜的前仰角,消除拉裂现象;③拌和物较干硬或等料停机时间较长,起步摊铺速度过快,也可能拉裂路面。等料停机时间较长时,应间隔 15min 开启振捣棒振动 2~3min,再缓慢推进。

(4)当混凝土供应不上,或搅拌楼出现机械故障等情况时,停机等待时间不得超过当时气温下混凝土初凝时间的 2/3,超过此时间,应将滑模摊铺机开出摊铺工作面,并做施工缝。当滑模摊铺机出现机械故障,应紧急通知后方搅拌楼停止生产,在故障停机时间内,滑模摊铺机内混凝土尚未初凝的情况下,如能够排除故障,则允许继续摊铺;否则,应尽快将滑模摊铺机开出摊铺工作面。故障排除后,重新起步摊铺。

7.滑模摊铺结束后的工作

(1)将滑模摊铺机驶离工作面,先将所有传感器从基准线上脱开,并解除滑模摊铺机上基准线自动跟踪控制,再升起机架,用水冲洗掉黏附的混凝土,已硬结在滑模摊铺机上的混凝土,应轻敲打掉。清理干净后,应对与混凝土接触的机件喷涂废机油或吹(揩)干防锈。同时,对滑模摊铺机进行当日保养,加油加水,打润滑油等。

(2)设置横向施工缝。先将从滑模摊铺机振动仓内脱出的厚砂浆铲除丢弃,然后设置施工缝端模和侧模,插入拉杆和传力杆,并用水准仪测量面板高程和横坡。为使下次摊铺能紧接施工缝开始,两侧模板应向内各收进2～4cm,且宜小不宜大,长度与滑模摊铺机侧模板等长或略长。软做横向施工缝应符合本规程的技术要求。可采用第二天硬切齐施工缝端部做法,切缝部位应满足平整度、高程和横坡要求,可使用缩缝传力杆钢筋支架,上部锯开,下部凿除混凝土,也可锯开后在端部垂直面上钻眼,插入传力杆,再连接施工。连接接头施工,除应测量高程和横坡外,辅以人工振捣密实,应采用长度3m以上抄平器,以保证端头和结合部位的平整度。

(六)滑模摊铺混凝土路面接缝施工

1.纵向接缝

混凝土板的纵缝必须与路中线平行。纵缝间距(即板宽)应根据滑模摊铺机的摊铺宽度、路面总宽、车道分隔线和硬路肩位置综合确定。钢筋混凝土路面、桥面、搭板纵缝由设计和滑模摊铺机摊铺宽度确定。

(1)纵向缩缝。当水泥混凝土路面使用滑模摊铺机一次摊铺两个车道宽度时,应设置纵向缩缝,其位置宜按车道宽度设置。拉杆靠滑模摊铺机配备的中间拉杆插入装置在滑模摊铺过程中自动控制间距压入,其构造采用假缝拉杆型。缩缝上部的槽口,应采用硬切缝法施工,切缝技术要求应符合本规程的规定。

(2)纵向施工缝。当滑模摊铺机一次摊铺宽度大于路面总宽度时,应设置纵向施工缝。其位置宜与车道线一致,构造采用平缝加拉杆型。纵向施工缝的拉杆,在前一次摊铺时,应采用滑模摊铺机的侧向拉杆装置插入。根据滑模摊铺机打拉杆装置的方式,插入时的拉杆或为直的或为L形的。L形拉杆长度较短,应按拉杆长度和间距进行等拔出强度换算。连续摊铺前,应将L形拉杆板直,再摊铺连接部分路面。

2.横向接缝

(1)横向施工缝。每天摊铺结束或摊铺中因故中断,且中断时间超过初凝时间的2/3时,应设置横向施工缝。横向施工缝应与路中心线垂直,位置宜与胀缝或缩缝相重合。横向施工缝应采用焊接牢固的钢制端头模板,构造采用平缝加传力杆型,且每 1.5m 不应少于 1 个钉钢钎的垂直固定孔。端模上插入传力杆的水平孔间距为 30cm,内径为 33mm,边侧传力杆到自由边距离不宜少于 15cm,每根传力杆必须在端模上离孔口外侧 10cm 处,通过横梁焊接内径 33mm、长度 5cm 的短钢管进行水平位置固定,其施工应符合规程技术要求。

(2)胀缝设置。

胀缝间距:滑模摊铺水泥混凝土路面的胀缝设置间距视施工季节气温确定。夏天施工,不宜设胀缝;春秋季节施工,两个构造物间距应大于等于500m;冬季低温施工,当两构造物间距大于等于 350m 时,宜在两个构造物之间的路面中间位置设一道胀缝。构造物、平纵曲线等处的胀缝按《公路水泥混凝土路面设计规范》(JTJ 012)的规定设置。

滑模摊铺机水泥混凝土路面胀缝钢筋支架:其构造应采用加强钢筋支架加传力杆型,加强钢筋支架一侧宽度应大于等于 50cm,总宽度大于等于100cm。支架纵向钢筋和箍筋间距为 20cm。胀缝板应与路中心线垂直,缝壁垂直,缝隙宽度一致,缝中完全不连浆。

连接桥头搭板位置的胀缝:其加强钢筋支架应与钢筋网一侧焊接,焊接点不应少于 4 个/m。也可在钢筋混凝土搭板一侧取消胀缝支架,直接焊接在双层钢筋网上,并增加箍筋,数量不得少于原有支架。

(3)胀缝施工。滑模摊铺水泥混凝土路面的胀缝宜采用前置法施工,也可采用预留胀缝位置,夏天施工胀缝,应设胀缝加强传力杆钢筋支架。前置法施工时,应预先加工好胀缝钢筋支架,传力杆无沥青涂层的一端焊接在支架上,接缝板夹在两支架之间。施工前运至现场,无布料机(件)时,待摊铺至胀缝位置前方 1~2m 处,将支架准确定位,用钢钎将支架和胀缝板锚固在基层上,保证支架不推移,胀缝板不倾斜,然后卸料或布料,并用手持振捣棒振实胀缝板两侧的混凝土,使滑模机摊铺通过;有布料机(件)时,应将带传力杆的缩缝支架和胀缝支架提前安装固定,采用侧向上料方式施工。中间胀缝位置宜与缩缝重合。连接搭板的胀缝,在滑模连续铺装搭板和桥面前,应与钢筋网同时加工安装好。胀缝宜不待混凝土硬化,即剔除胀缝上部的混凝土,嵌入 2cm×2cm 的木条,修整好表面。在填缝之前,凿去接缝板顶部的木条,涂黏结剂后,嵌入多孔橡胶条或灌填缝料。胀缝板及钢筋支架两侧,宜各适于摊铺宽度 3cm。

(4)横向缩缝。缩缝应等间距布置,一般采用 5m 板长。不宜采用 1/6

斜缩缝和不等间距的缩缝。当不得不调整板长时,最大板长应小于或等于5.5m,最小板长不宜小于板宽。在路面上的平面交叉口横向变宽度处的缩缝,可以设计并切割成小转角的折线,在有拉杆的纵缝处,缩缝切口必须缝对缝。板锐角处,应设角隅钢筋补强。

在重、中、轻交通量的公路水泥混凝土路面上,横向缩缝可采用假缝型,不设传力杆。在邻近胀缝或路面自由端的 3 条缩缝内,横向缩缝采用假缝加传力杆型,前置式传力杆钢筋支架的构造。传力杆无涂料一侧焊接,有涂料一侧绑扎。

在特重交通量的水泥混凝土路面和收费站广场的全部缩缝宜设传力杆。传力杆可用滑模摊铺机配备的传力杆自动插入。插入装置在摊铺时植入,或使用钢筋定位支架前置法施工。无论哪种方式,都应在路侧缩缝切割位置做标记,保证切缝在传力杆中间以上。前置式缩缝的钢筋定位支架必须有足够的刚度,传力杆应准确定位,于摊铺之前在基层表面放样,并用钢钎将其锚固在基础上,用手持振捣棒振实传力杆高度以下的混凝土,然后进行滑模摊铺。

3.切缝

横向缩缝与施工缝上部的槽口应采用切缝法施工。切缝方式有全部硬切缝、软硬结合切缝和全部软切缝三种。采用哪种切缝方式要视施工地区下午 1~3 时最高温度与凌晨 1~3 时最低温度的温差决定。

前后连接摊铺,对先摊铺好的混凝土板沿切缝已断裂的地方,应做上记号,后摊铺路面切缝时,已断开的缩缝应提前软切缝。纵向缩缝可全部硬切缝,最长时间不宜超过 48 小时。

(七)滑模摊铺混凝土路面修整

1.摊铺过程中的修整

滑模摊铺机应采用自动抹平板装置进行抹面,以消除表面气孔和因石子移动带来的缺陷。自动抹平板的压力不可过大,应随摊铺的纵坡变化随时调整。适宜的抹平板压力是路面不出现影响平整度的 W 形砂浆棱。对表面上少量局部麻面和明显缺料部位,应在挤压板后或搓平梁前,最迟在抹平板前表面补充适量砂浆,由搓平梁和抹平板机械修整。滑模摊铺的混凝土面板在以下情况,可用人工进行局部少量修整。

(1)人工操作抹面抄平器修整摊铺机后表面的缺陷时,禁止整个表面用加铺薄砂浆层修补路面标高。

（2）对打侧向拉杆时被剐坏的侧边；滑模摊铺机连续铺装桥面上桥梁台阶，振捣漏料部位，抹平板未抹到的边缘；及出现倒边、塌边、溜肩现象处，应顶侧模或上部支方铝管边缘补料修整。左右连接摊铺的纵缝处应进行适量修整。

（3）对滑模摊铺机起步摊铺段及施工接头，应采用水准仪抄平，采用大于 3m 的方铝管边测边修整。

2.路面硬化后的修整

如果混凝土路面已硬化，并发现施工接头或局部平整度不满足要求时，则要在水泥混凝土路面摊铺后 3～10 天内，用最粗级磨头的水磨石机研磨到规定平整度。

（八）抗滑构造施工

1.滑模摊铺水泥混凝土路面抗滑构造的技术要求

高速公路、一级公路竣工时的路面抗滑构造深度应为（铺砂法）：抗滑构造深度 $0.8mm \leqslant TD \leqslant 1.2mm$；横向摩阻力系数 $SFC \geqslant 0.55$，其他公路竣工时 $0.6mm \leqslant TD \leqslant 1.0mm$。要求抗滑构造深度均匀，不损坏构造边棱，也不影响施工好的路面平整度。

2.滑模摊铺水泥混凝土路面抗滑构造的施工制作

（1）滑模摊铺机后宜设钢支架，拖挂 1～3 层叠合麻布、帆布或棉布，洒水湿润后，软拖制作细观抗滑构造，布片接触路面的拖行长度以 0.7～1.5m 为宜，细度模数偏大的粗砂，拖行长度取小值，偏细中砂，拖行长度取大值。人工修整过的路面，细观抗滑构造已被抹掉，必须再拖麻袋处理，以恢复细观抗滑构造，也可不拖毛，直接使用抹平板抹出鱼鳞形细观抗滑构造，以增强耐磨性，前提是横向摩阻力系数应满足要求。修整表面时，应使用木抹。

（2）当日施工进度超过 500m 时，宏观抗滑构造制作宜选用拉毛机械施工，没有拉毛机时，可采用人工拉槽方式。在混凝土表面泌水完毕 20～30min 内应及时进行拉槽，拉槽深度应为 2～3mm，槽宽 3～5mm，槽间距 15～25mm。可施工等间距和非等间距的抗滑槽，在考虑减小噪声时，宜采用后者。每耙之间衔接间距应保持一致。

（3）采用硬刻槽方式制作宏观抗滑构造时，其几何尺寸与（2）相同，硬刻槽机重量宜重不宜轻,最小整刻宽度不应小于50cm,硬刻槽时不应掉边角,路面摊铺3天后可开始硬刻槽,并宜在两周内完成。

（4）对平整度不佳的路面施工接头、桥面、桥头搭板,局部经磨平达标后,应采用人工凿毛或喷砂法做出细观抗滑构造,宏观抗滑构造可采用硬刻槽方式制作。

第四章 公路工程施工的质量控制与评价

第一节 公路工程施工的质量控制及管理方法

一、公路工程施工的质量控制

施工质量控制是通过采取有效措施，以确保施工合同商定的质量要求和标准，避免发生质量问题。施工质量控制应当做到施工过程与技术要求相一致、与现行技术规范相一致、与设计质量要求相一致，符合施工合同要求和验收标准，同时还应满足施工进度和投资计划的要求。工程质量是在修建的过程中形成的。因此，施工质量控制必须贯穿于施工的全过程和每个环节。

(一)施工质量控制的基本原则

工程施工是使工程设计意图最终实现并形成工程实体的阶段，是最终形成工程产品质量和工程使用价值的重要阶段。在进行公路工程项目施工质量控制的过程中，应遵循以下原则：

(1)质量第一的原则。质量第一是所有施工企业或建筑工程推行质量管理的思想基础。公路工程质量的好坏，不仅关系到国民经济的发展及人民生命财产的安全，而且还直接关系到施工企业的信誉、经济效益及生存和发展。因此，牢固树立质量第一原则是工程质量管理的核心。

(2)用户至上的原则。用户至上是施工企业或公路工程推行质量管理的精髓。国内外多数施工企业把用户摆在至高无上的地位，把企业同用户的关系比作鱼水关系。我国的公路工程企业是社会主义企业，其用户就是广大人民群众、国家和社会的各个部门，坚持用户至上的观点，企业就会蓬勃发展，背离了这个观点，企业就会失去存在的必要。现代企业质量管理中用户至上的观点是广义的,它包括两个含义:一是直接或间接使用公路工程的单位或个人;二是施工企业内部,在施工过程中上一道工序应对下一道工序负责,下一道工序则是上一道工序的用户。

(3)预防为主的原则。工程质量是设计、制造出来的,而不是检验出来的。检验只能发现工程质量是否符合质量标准,但不能保证工程质量。在工程施工过程中,每个工序、每个分部分项工程的质量,都会随时受到许多因素的影响,只要有一个因素发生变化,质量就会产生波动,出现不同程度的质量问题。质量管理强调将事后检验把关变成对各工序的控制,从管质量结果变为管质量因素,防检结合,防患于未然。在施工全过程中,将影响质量的因素控制起来,发现质量波动就分析原因、制定对策,这就是预防为主的观点。

(4)全面管理的原则。质量管理中推广的全面管理,就是突出一个"全"字,即实行对全过程的管理、全企业的管理和全员的管理。全过程的管理,就是把工程质量管理贯穿于工程的规划、设计、施工、使用的全过程,尤其在施工过程中,要贯穿于每个单位工程、分部工程、分项工程、各施工工序。全企业的管理,就是强调质量管理工作不只是质量管理部门的事情,施工企业的各个部门都要参加质量管理,都要履行自己的职能。全员的管理,就是施工企业的全体人员,包括各级领导、管理人员、技术人员、政工人员、生产工人、后勤人员等都要参与到质量管理中来,人人关心工程质量,把提高工程质量和本职工作结合起来,使质量管理有扎实的群众基础。

(5)数据说话的原则。数据是实行科学管理的依据,没有数据或数据不准确,质量就无从谈起。全面质量管理强调"一切用数据说话",因为它是以数理统计的方法为基本手段,而数据是应用数理统计方法的基础,这是区别于传统管理方法的重要一点。它是依靠实际的数据资料,运用数理统计的方法做出正确的判断,并采取有力措施,进行质量管理。

(6)不断提高的原则。重视实践,坚持按照计划、实施、检查、处理的循环过程办事,经过一个循环后,对事物内在的客观规律就会有进一步的认识,从而制订出新的质量管理计划与措施,使质量管理工作及工程质量不断得到提高。

(7)尊重事实的原则。贯彻科学、公正、守法的职业规范,是搞好工程质量管理的根本。在质量控制实施过程中,应尊重客观事实,尊重科学,客观、公正、不持己见,遵纪守法,坚持原则,严格要求。

(二)施工质量控制的重要方法

公路工程施工质量控制的目的,在于使实施的结果符合预期的质量目标值。如何对工程施工质量进行有效控制是工程质量控制中的重点和值得研究的问题,选择合适的施工质量控制方法是达到项目质量目标控制的一个重要手段。

公路工程项目建设本身是一个动态系统,因而它具有一般动态系统的主要特征,不但有预期的相对稳定性(项目目标、投资、进度、质量),而且系统内部又存在经常可变性(工程变更、材料人员、机具变化);从外部环境到系统内部有信息转移性,而所传递的信息则是系统内部调节进程的依据,并具有可以调节、纠正行为的能力,且能保持系统的动态平衡。

公路工程项目施工质量控制的方法,主要是通过审核有关技术文件、报表和直接进行动态跟踪检查这两个基本环节,运用质量控制系统在工程项目施工过程中进行连续的评价、验收和纠偏。

1. 审核技术文件报表

公路工程项目施工质量控制的审核技术文件报表的具体内容包括以下方面:

(1)审核进入施工现场的各施工单位和施工人员的技术资质证明文件,确保有可靠的技术人员和施工管理人员符合要求,以保证工程施工质量。

(2)审核施工单位提交的施工方案和施工组织设计,确保有符合拟建工程的可靠技术措施,从而保证施工顺利进行和工程施工质量符合设计要求。

(3)审核施工单位提交的有关原材料、半成品和预制构件的质量检验报告;审核施工单位提交的有关施工控制标准及施工配合比。

(4)审核施工单位提交的开工报告,经审核和实际考察后确认符合开工条件时,向施工单位下达开工指令。

(5)审核施工单位提交的有关工程施工中的工序质量动态的统计资料和管理图表。

(6)审核在工程施工过程中的设计变更、修改图纸和有关技术证书。

(7)审核拟建工程的有关新材料、新技术、新工艺的技术鉴定书。

(8)审核施工单位提交的施工中工序交接检查、分项工程质量检查报告。

(9)审核施工单位提交的有关工程质量事故处理报告,并对处理报告做出评价和结论。

（10）审核并签署施工现场有关技术、质量、计量、进度等统计报表。

2.施工质量跟踪检查

施工质量跟踪检查，是指施工过程中设置的各个施工质量控制点，并且指定专人对所进行的相关施工质量跟踪检查。监理工程师或其代表进行施工质量跟踪检查的具体方法通常有目测检查、量测检查和试验检查三种。在进行施工质量跟踪检查中发现有关工程质量问题应及时加以纠正，并指令施工单位采取相应的技术措施。施工质量跟踪检查的具体工作内容如下：

（1）开工前检查。开工前检查的目的是，评价施工单位是否具备开工条件，在开工后能否在保证工程质量的前提下，连续、顺利地进行施工。

（2）工序交接检查。对工程的主要工序或对工程质量有重大影响的工序应进行工序交接检查，检查的目的是对施工质量层层把关，尽力消除某个工序的施工隐患。

（3）隐蔽工程完工检查。对重要的或影响工程质量的主要工序实施隐蔽工程检查，是为了避免被下道工序所掩盖，而无法进行复查的部位发生重大差错，保证工程质量满足设计要求。隐蔽工程检查工作应在本工序已完成且班组自检合格后下道工序施工前进行检查。

（4）分项、分部工程完工检查。分项、分部工程的检查是单位工程验收的前提。从分项、分部工程开始，对做好单位工程质量检查与验收，保证工程质量十分重要。分项、分部工程完成后，首先由质检员、质检工程师逐级进行自检。自检合格后，由项目部质检工程师陪同监理工程师进行检查，检查结果填入验收表格，由双方签字后方可进行下一工序的施工。

（5）随班日常定期检查。随班日常定期检查是监理工程师获取第一线真实质量资料的一种手段，通过这种检查方法可以及时发现施工质量问题，并对操作人员进行技术指导。

（6）停工后复工前检查。因处理质量问题或某种原因停工后需复工时，必须经检查检测认可后方能复工，这是确保工程质量的一项重要技术措施。

（7）不定期的随机检查。公路工程不定期的随机检查主要是指：①随机检查、检测进场的建筑材料、建筑构配件和设备的质量；②随机检查、检测施工的检验分批、分项工程的质量状况和验收程序；③随机检查、检测及涉及结构安全和使用功能的重要部位或关键工序；④随机检查、检测施工现场计量装置等标定情况。

(三)工程施工工序的质量控制

公路工程质量是在施工工序中形成的,而不是最后检验出来的。为了把工程质量从事后检查把关转向事前控制,从而达到以预防为主的目的,必须加强施工工序的质量控制。

1.工序质量控制的目的与作用

工序质量控制是指为把工序质量的波动限制在规定的界限内所进行的活动。工序质量控制是工程施工过程控制的核心,它是利用各种方法和统计工具判断和消除系统因素所造成的质量波动,以保证工序质量的波动限制在要求的界限内,使工序处于受控状态,能稳定地生产合格产品。

(1)工序质量控制的目的。影响工程产品质量的原因有两个方面:即偶然性因素和异常性因素。当工序仅在偶然性因素的作用下,其工程产品的性能特征数据(计量值数据)分布基本是算术平均值及标准差固定不变下的正态分布,工序处于这样的状态称为稳定状态。当工序既有偶然性因素又有异常性因素作用影响时,则算术平均值及标准差将发生不规律的变化,工序处于这样的状态称为异常状态,并应采取必要的措施不断地消除,使工序处于管理状态,以确保工程产品的质量。

(2)工序质量控制的作用。工程项目的施工过程是由一系列相互关联、相互制约的工序所构成,工序质量是工程质量控制的基础,它直接影响工程项目的整体质量。要控制工程项目施工过程的质量,必须先控制工序的质量。具体地讲,工序质量控制的作用包括:①工序质量控制能有效地控制施工生产过程,及时发现施工中质量异常的现象和原因,并便于采取有效的技术措施,防止不合格项目的发生,确保工程施工质量;②有助于施工企业各项管理工作的改进和提高。通过质量控制活动中的工序条件,质量的分析和解决,促进施工企业与施工生产活动有关的业务部门和管理人员的协同工作,促进和改进本部门或本岗位的工作,提高工作质量,以保证工序条件质量的改善。

2.工序质量控制的原理与方法

(1)工序质量控制的原理。工序质量控制的原理是采用数理统计方法,通过对工序一部分子样检验的数据,进行统计、分析,来判断整道工序的质量是否稳定正常,若不稳定,产生异常情况须及时采取对策和措施予以改善,从而实现对工序质量的控制。

(2)工序质量控制的方法。

1)实测采用必要的检测工具和手段,对抽出的工序子样进行质量检验。

2)分析对检验所得的数据通过直方图法、排列图法或管理图法等进行分析了解这些数据所遵循的规律。

3)判断根据数据分布规律分析的结果,如数据是否符合正态分布曲线,是否在上下控制线之间,是否在公差质量标准规定的范围内,是否属正常状态或异常状态,是偶然性因素引起的质量变异,还是系统性因素引起的质量变异等,对整个工序的质量予以判断,从而确定该道工序是否达到质量标准。若出现异常情况即可寻找原因,采取对策和措施加以预防,这样便可达到控制工序质量的目的。

3. 工序质量控制的主要内容

工程工序质量包含两方面的内容:一是工序活动条件的质量;二是工序活动效果的质量。从工序质量控制的角度来看,这两者是互为关联的:一方面,要控制工序活动条件的质量,即每道工序投入的人力、材料、机械、方法和环境等的质量是否符合要求;另一方面,要控制工序活动效果的质量,即每道工序施工完成的工程产品是否达到相关质量标准。工序质量控制是对工序活动条件的质量控制、工序活动效果的质量控制,据此来达到整个施工过程的质量控制。在进行工序质量控制时,应着重于以下四个方面的工作:

(1)严格遵守工艺规程施工工艺和操作规程,是进行施工操作的依据和法规,是确保工序质量的前提,任何人都必须严格执行,不得违犯。

(2)主动控制工序活动条件的质量工序活动条件包括的内容较多,主要是指影响质量的五大因素,即施工操作者、材料、施工机械设备、施工方法和施工环境。只要将这些因素切实有效地控制起来,使它们处于被控制状态,以确保工序投入品的质量,避免系统性因素变异发生,就能保证每道工序质量正常、稳定。

(3)及时检验质量工序活动效果是评价工序质量是否符合标准的尺度。为此,必须加强质量检验工作,对质量状况进行综合统计与分析,及时掌握质量动态。一旦发现质量问题,随即进行研究处理,自始至终使工序活动效果的质量满足规范和标准的要求。

(4)设置工序质量控制点是为了保证工序质量而需要进行控制的重点、或关键部位、或薄弱环节,以便在一定时期内、一定条件下进行强化管理,使工序处于良好的控制状态。

4. 工序质量控制点的设置方法

在某一个工序中对产品质检时起到关键性作用的地方,可作为关键质量控制点重点控制。工序质量控制点的主要作用就是,使工序按规定的质量要求正常运转,从而获得满足质量要求的最多产品和最大经济效益。为了保证产品在施工过程中质量稳定,除了应对一般工序进行控制和验证,使其处于受控状态外,还应对关键的工序设置质量控制点,系统地开展工序控制活动。

质量控制点设置的原则是根据工程的重要程度,即质量特性值对整个工程质量的影响程度来确定的。为此,在设置质量控制点时,首先要对施工的工程对象进行全面分析、比较,以明确质量控制点,其次进一步分析所设置的质量控制点在施工中可能出现的质量问题,或造成质量隐患的原因,针对隐患的原因,相应地提出对策措施予以预防。由此可见,设置质量控制点是对工程质量进行预控的有力措施。质量控制点的涉及面较广,根据工程特点,重要性、复杂性、精确性、质量标准和要求,可能是结构复杂的某一工程项目,也可能是技术要求高、施工难度大的某一结构构件或分部、分项工程,也可能是影响质量关键的某一环节中的某一工序或若干工序。

总之,操作、材料、机械设备、施工顺序、技术参数、自然条件、工程环境等,均可作为质量控制点来进行设置,主要是视其对质量特征影响的大小及危害程度而定。工程质量控制点的种类有:以工序为对象来设置工序质量控制点;以管理工作为对象来设置工序质量控制点。工序质量控制点的设置是保证施工过程质量的有力措施,也是进行工程质量控制的重要手段。

5. 施工现场质量检查控制方法

公路工程施工现场质量检查是对其工程质量最直接的控制,其控制的方法主要有测量、试验、观察、分析、监督和总结等。每种检查控制方法如下所述:

(1)测量。测量是施工现场进行质量控制不可缺少、十分重要的技术手段,对于工程的平面位置、空间位置等控制均有非常重要的作用。测量包括的内容很多:如公路工程定线控制测量、施工放线测量、控制工程位置、高程、尺寸及其线形的测量、分项工程、分部工程、单位工程、工程段落或总体工程项目中的中间交工和竣工验收时的测量检查等,这些测量的成果必须要确保精度规定要求,并应取得监理工程师的认可。

(2)试验。试验包括的内容非常多。如对各个工程项目的材料、配合比、强度和性能等进行有效控制。以确保各项工程的物理、化学、力学性能及使用功能(如道路的平整度、抗滑能力)等达到设计规定的要求。试验是工程施工现场质量控制必不可少的手段。也是评价工程质量的可靠依据。

(3)观察。观察是指对工程施工现场所进行的施工活动全过程或部分关键过程(如全工序或工序中的某一关键环节)进行观察,检查操作规程或操作方法是否符合规定要求。若在观察过程中发现质量问题,则要及时进行控制与纠正。

(4)分析。分析是指对施工现场的施工活动情况及收集得到的相关数据,通过科学有效的方法(如直方图法、因果分析法、列表比较法等)进行整理分析,以控制施工的质量和进度等,在分析中发现问题,找出原因,在此基础上提出应采取的有针对性的措施,以便解决问题。

(5)监督。施工单位应建立岗位责任制,各部门人员应对所属工作任务负责,实行层层监督。例如,总工程师或主任工程师应对实施性施工组织设计在实施过程中的技术上全面负责,检查和监督各施工队、试验室、技术人员所负责的相关工作,特别是对质量检查工作应加大力度检查和监督,以确保工程质量的可靠性。作为施工单位应根据合同规定,积极主动配合和支持监理工程师的工作,并服从政府监督部门的管理。

(6)总结。公路工程的施工活动是一个动态的过程,在质量控制时也应采用动态控制。在实施的过程中,旧的矛盾和问题解决了,新的矛盾和问题又会产生,这就要求进行新的控制。因此,在解决矛盾和问题的过程中,应不断总结经验教训,以利于以后的质量控制工作更好、更有效地开展。

二、公路工程施工的质量管理

随着我国公路建设的不断发展,工程质量控制已逐步走上系统化、法治化的轨道,公路工程项目的核心是公路工程项目施工阶段的质量控制,质量的优劣直接关系到整个工程项目建设的成败。这就需要全员参与执行质量标准,规范施工过程中的行为,才能使工程质量符合标准,才能保障工程项目的投资效益,才能够切实保证工程项目的进度,才能够创造出更大的社会效益。

公路工程施工质量的保证要依靠参建各单位和全体职工的努力,综合运用各种科学方法和试验检测,对工程质量及工作质量形成全过程的各种影响因素,进行全面预防、控制和系统的管理,以保证提供出满意的合格工程。在传统的工程质量控制方法中,往往存在着定性方法多、定量方法少、凭经验的成分多、科学性成分少的情况。要想确保公路工程的质量符合现行规范的要求,就应选用有效的质量控制方法,定量地分析和研究、预测工程质量的变化,以实现对施工质量的有效控制。

(一)施工质量控制的静态法

鉴于公路工程施工项目质量控制的重要性和特殊性,在进行施工质量控制实践中,应采取一些行之有效的科学方法,正确分析工程质量事故的原因,提出解决质量问题的办法。工程质量控制和评价以数理统计方法作为基本手段,即运用统计性规律,将收集来的数据资料进行整理、分析、加工处理,使其转变为有用的质量数据特征值,从而查找质量异常波动的原因并加以排除,使工程质量只受偶然性因素的影响。

施工质量控制方法很多:如排列图法、因果分析图法、分组分析法、调查列表分析法、直方图法等,这些方法都局限在某一时间段内,通过数据进行事后分析,拟定以后同类工程质量控制方法,这是静态的质量控制方法。

1.分层分析法

分层分析法也称为分组分析法或分类分析法,它是将收集的资料根据不同的目的,按其性质、来源、影响因素等加以分组和分类进行分析研究的方法。这种分析法可以使杂乱的数据和错综复杂的因素系统化、条理化,从而找出影响工程质量的主要原因,以便采取相应的技术措施。

根据分层分析的目的,按照一定的标志加以区分,把性质相同、在同一条件下收集的数据归在一起进行分层,并使同一层内的数据波动幅度尽可能小,而层与层之间的差别尽可能大。按照此原则分析,就是为了找出同一类型中不同层次之间的因素差异,以及产生这些差异的原因。针对公路工程施工的质量问题,一般可进行以下分类:

(1)按公路工程组成部分分类。按公路工程组成部分分类,可以分为路基工程、路面工程、桥梁工程、涵洞工程、隧道工程、排水设施、其他人工构造物和附属辅助工程等。

(2)按工程施工检查项目分类。根据有关公路工程项目的施工及验收规范具体条款,进行比较细致的分类,如对于路基工程,可按照路基高程、路基宽度、平整度、填方路基密实度、边坡坡度等进行分类;对于沥青路面,可按照路面厚度、平整度、路面宽度、中线高程、横坡度等进行分类。

(3)按公路工程施工时间分类。公路工程施工质量易受季节、昼夜更替所引起的温度和湿度变化的影响。施工记录应载明项目、工序的施工年、季、月、旬、日、昼夜等必要时间,以及各施工时间的环境特点,按施工质量问题进行分层分析做好准备。

(4)按操作班组或操作者分类。可以考虑按新老工人、男女性别、操作技术水平高低等的差异进行分类。

除以上分类方法外,还可以按不同施工工艺和操作方法、料场、材质、检测手段、质量事故的性质,以及造成的经济手段等进行分类。

通过这样逐次分层、多次分解,从而找出同类因素中各自对工程质量的不同影响程度和规律,为着手解决存在的质量问题提供依据。

2.调查列表分析法

调查列表分析法是利用统计调查表来进行工程施工数据整理和质量分析的一种灵活简便的方法和手段。调查列表分析法是指采用调查的手法和表格的形式,将在工程施工中出现的质量问题及相关因素的质量数据,进行收集和整理,以便了解和分析工程质量的不合格状况,以及不合格项目与相关因素之间的关系。

由于调查的目的不同,其格式多种多样,可以根据调查收集分析数据的需要自行设计。在一般情况下,表中的项目选择,常常是按质量事故(不合格)项目、时间、工序、班组、场地等内容进行划分和设计。

在公路工程施工过程中,常用的几种调查(检查)表主要有:工序质量分布调查表、不良项目调查表、不良要因调查表、缺陷位置调查表和检查评定调查表等。

3.排列图法

排列图又称为主次因素排列图,排列图是为寻找主要问题或影响质量的主要原因所使用的图,其主要作用是通过对排列图的观察分析,可以抓住影响质量的主要因素,找出提高质量的关键,取得较好的效果。排列图用双直角坐标系表示,左边纵坐标表示频数,右边纵坐标表示频率,分析线表示累积频率,横坐标表示影响质量的各项因素,按影响程度的大小(即出现频数多少)从左到右排列,直方块的高度表示影响程度的大小。

在公路工程施工质量控制中,左纵坐标表示影响质量的因素发生或出现的频次,也可以是在质量评定中所占的频数;右纵坐标表示质量受影响的频率;曲线表示各个影响因素的累计百分数,由左到右逐渐上升,这条折线称为帕雷托曲线,其中累计百分数在 0~80% 范围内的因素即为主要影响因素。

绘制排列图时,注意事项如下:

(1)做好质量影响因素的分层。对于同一基础上的各个质量影响因素,应具有相互的可行性(如沥青面层各项检查项目);如果是某一主要影响因素可以再进一步分层,也可以利用排列图对此加以深入分析,以便得到更多、更详细的情况。

(2)主要影响因素不能过多。在一般情况下,以找出 1～2 项主要影响因素为宜,最多不应超过三项,其累计百分率为 0～80%。当采取措施解决了这些主要影响因素后,原先的次要影响因素则上升为主要影响因素,这时再通过排列图来分析处理。

(3)收集的数据要充分可靠。尽可能收集足够的数据,以便找出统计的规律性。当件数不多时,最好进行全数分析,必要时也可采用随机抽样分析。在收集数据时要特别注意其具有可靠性。

(4)适当合并一般因素。在工程质量统计分析中,即使不太重要的因素也可以列出很多项,为了简化排列图的绘制,常将这些因素合并为其他项,放在横坐标的末端。

(5)合理选择计量单位。对于工程的同一项质量问题,如果计量单位不同,则主次因素的排列顺序也不同。这就需要看哪一种计量单位能更好地反映质量问题的实质,就采用哪一种计量单位。

(6)在进行主次因素分析并采取措施后,为验证其实施效果,还要重新绘制排列图,以便进行比较。

在工程质量控制方面,排列图的应用范图可分为:分析主要质量缺陷形式;分析造成不合格项目的主要工序原因;分析产生不合格项目的关键工序;分析各种不合格项目的主项地位;分析造成经济损失的主次因素;对比采用措施前后的效果等。

(二)施工质量控制的动态法

公路工程的施工质量特性可以采用目测法进行评价,但最好应采用数据来反映。由于从生产实际中观察得来的数据具有波动性,因此,有必要对反映数据波动性的分布状态进行分析,从中找出数据分布规律与质量特性之间的关系,才能达到反映、处理和控制质量问题的目的。

在常用质量管理的工具和方法中,无论是排列图、因果分析图法,还是分层法、调查表法,都是质量控制的静态法。要掌握工程施工质量特性随诸多影响因素的变化关系、质量特性数据随时间的变化状况,就需要运用动态的质量控制管理方法,掌握工程施工的质量状态,判断其在施工中的稳定性,及时发现存在的质量隐患,并采取相应的技术措施,防止不合格产品的产生。公路工程施工质量动态管理方法有相关图分析法、控制管理图法等。

1. 相关图分析法

相关图分析法又称散布图法、简易相关分析法。它是通过运用相关图研究两个质量特性之间的相关关系,来控制影响产品质量中相关因素的一种有效的方法。相关图是两个变量之间的相关关系用直角坐标系表示的图表,它根据影响质量特性因素的各对数据,用小点表示填列在直角坐标图上,并观察它们之间的关系;它也是一种动态的分析方法。

在公路工程施工中,工程质量的相关关系有三种类型:①质量特性和影响因素之间的关系,如混凝土强度增长与温度的关系等;②质量特性与质量特性之间的关系,如水泥强度与水泥混凝土强度之间的关系等;③质量影响因素之间的关系,如混凝土密度与抗渗能力之间的关系等。

通过对相关关系的分析和判断,可以提供对质量目标进行控制的信息。在分析相关关系时,有时从数据上很难看清,这就有必要借助相关图为相关分析提供方便。

2. 控制管理图法

控制管理图简称为控制图或管理图,是用于确定生产或工作过程是否处于稳定状态的图形,通过它可以发现并及时消除生产和工作过程中的失控情况。控制图是通过对过程中各特性值进行测定、记录、评估和监察过程是否处于控制状态的一种用统计方法设计的图。在控制图中有两条平行的上下控制界限和中心线,并按时间序列排列的样本统计量数值的描点序列。如果控制图中描点落在控制界限之内,则表明过程正常;若控制图中描点落在控制界限之外或描点序列在界限之间有某一种或几种不正常的趋势,则表明过程异常。

控制图是公路工程中工序控制的重要方法之一,根据反映质量特征的数据随时间的变化,可以动态地掌握工序的质量状态,判断其生产过程的稳定性,这样就可以实现对工序质量的动态控制,及时发现质量隐患,并采取相应的措施,防止不合格产品的产生。根据工序质量特性的数据统计特征,控制图可分为计量值控制图和计数值控制图两大类。在工程质量控制中常用的控制图类型主要有以下内容:

(1)平均值—极差控制图。平均值—极差控制图是将平均值控制图与极差控制图联合使用,这种控制图可以对生产过程的状况进行全面而准确的分析,提供的信息较多,检出能力较强,是工程质量控制中被广泛采用的计量值控制图。

(2)中位数—极差控制图。中位数—极差控制图是将中位数控制图代替了平均值—极差控制图中的平均值控制图,这种控制图由于可以不计算样本的平均值,操作比较简单,比较适用于施工现场,但中位数控制图的检出能力比平均值控制图稍差。

(3)单值控制图。单值控制图是把一个计量值的数据直接点入控制图,即每次抽检的样本为1的情况,通常用于测试费用高、得到数据间隔较长的场合,或只需测试一个数据就能反映质量特性的场合。由于这种控制图的检出能力较低,使用时需要特别注意。

(4)单值—移动极差控制图。单值—移动极差控制图是将单值控制图与移动极差控制图联合使用,单值控制图每次只取一个数据,无法观察数据分散程度的变化,所以和移动极差控制图并用,移动极差就是相邻两个数据之差的绝对值。

(5)不良品率控制图。除了不合格品率以外,凡符合二项分布的计数值,如出勤率、合格品率等,也可以使用这种控制图。在运用上,不良品数控制图必须经过运算求出不合格品率后才能点入图中,因此,要比不良品数控制图麻烦,但当样本在检验中取值不同时,必须采用不良品率控制图。

(6)不良品数控制图。在使用这种控制图时,要求每次抽检的样本大小要相同;这种控制图可以把检验中所得的不合格品数直接点入图中,操作比较简单。

(7)单位产品缺陷数控制图。公路工程隧道内或防护工程挡土墙墙面及路面等每平方米的缺陷数、同类型的每座桥的伸缩缝安装缺陷数等,均可以采用单位产品缺陷数控制图。

(8)样本缺陷数控制图。道路桥梁预制大梁安装的缺陷、混凝土桥面的缺陷等,均可以采用样本缺陷数控制图。

控制图能够充分反映工程施工过程中的工序质量状况,并可依据上下控制界限和标准公差界限进行控制。所以,运用控制图能有效地进行施工工序质量管理。

第二节　公路工程施工中路面与路基的质量控制

"路面路基是公路工程建设的重要组成部分,加强该部分工程质量控制,有利于预防质量缺陷发生,提高结构的稳固性与可靠性,以保证施工效果。"①

一、公路工程施工中路面及其质量控制

公路路基是公路工程的基础部分,应根据公路要求的功能、公路等级和交通量等,结合沿线地形、地质及路用材料等自然条件进行设计,保证其有足够的强度、稳定性和耐久性,应能承受行车的反复荷载作用和抗御自然因素的影响。为保证各类型路面基层的施工质量,对路面基层材料的强度形成机理和特点,对相关技术性能要求,必须进行全面掌握,正确地选择适用于不同条件的路面基层,并进行正确合理的施工。

(一)路面基层的基本形式

常用公路工程的基层形式可分为石灰稳定类基层、水泥稳定类基层、石灰工业废渣基层、沥青稳定土基层和粒料类基层等;其中石灰稳定类基层、水泥稳定类基层和石灰工业废渣基层又称为半刚性基层。半刚性基层的主要特点是:整体性强、承载力高、刚度较大、水稳性好、原料丰富、经济性强。

1.石灰稳定类基层

在粉碎的或原来松散的土中(包括各种粗粒土、中粒土和细粒土),掺加足够数量的石灰和水,通过充分拌和得到的混合料经摊铺、压实及养护后,当其抗压强度或耐久性符合规定要求时,称为石灰稳定类基层。

用石灰稳定细粒土得到的混合料,简称为石灰稳定土。用石灰稳定粗粒土或中粒土得到的混合料,根据所用的原材料而定,原材料为天然砂砾土时,简称为石灰砂砾土;原材料为天然碎石土时,简称石灰碎石土。

---

① 葛春雷.公路路面路基施工质量控制措施[J].交通世界(上旬刊),2017(12):58.

另外,仅掺加少量的石灰改善各种土的塑性指数或提高土的强度,而达不到石灰稳定土规定的强度时,这种混合料称为石灰改善土。

2. 水泥稳定类基层

在粉碎的或原来松散的土中(包括各种粗粒土、中粒土和细粒土),掺加足够数量的水泥和水,通过充分拌和得到的混合料经摊铺、压实及养护后,当其抗压强度或耐久性符合规定要求时,称为水泥稳定类基层。

用水泥稳定砂性土、粉性土和黏性土得到的混合料,简称为水泥稳定土;用水泥稳定砂得到的混合料,简称为水泥稳定砂。用水泥稳定粗粒土或中粒土得到的混合料,根据所用原材料,可简称为水泥稳定碎石、水泥稳定砂砾等。在稳定各种土时,常根据基层的设计强度和耐久性等要求,以及地方材料的供应情况,同时用水泥和石灰、水泥和粉煤灰稳定某种土得到的混合料,简称为综合稳定类基层。

另外,仅掺加少量的水泥改善各种土的塑性指数或提高土的强度,而达不到水泥稳定土规定的强度时,这种混合料称为水泥改善土。

3. 石灰工业废渣基层

工业废渣是指工业生产过程中排放的固体废物,主要包括粉煤灰、炉渣、煤渣、高炉矿渣、钢渣、镁渣、煤矸石和其他粉状废渣。用一定比例的石灰与这些废渣中的一种或两种加水拌和、压实和养护后得到的强度和耐久性都有很大提高,并符合现行规范规定的要求时,称为石灰工业废渣稳定土,简称为石灰工业废渣。

石灰工业废渣材料可分为两大类:石灰粉煤灰类和石灰其他废渣类。同时用石灰和粉煤灰稳定细粒土(含砂)得到的混合料,简称为二灰土,这是我国公路基层施工中常用的混合料。同时用石灰和粉煤灰稳定级配砂砾和级配碎石时,分别简称为二灰砂砾和二灰碎石。

4. 沥青稳定土基层

将土粉碎,用沥青(液体石油沥青、煤沥青、乳化沥青、沥青膏浆等)为结合料,使其与土拌和均匀,摊铺平整,并碾压密实而形成的基层,称为沥青稳定土基层。

沥青在稳定土中起两方面的作用:一是包裹在土粒表面,保护土粒不受水的危害;二是提高黏结力,把土粒黏结在一起。前者作用主要发生在对水敏感的黏性土中,沥青被吸附在土颗粒的表面,阻碍了水分同土粒直接接触,同时还填充了土中部分孔隙,堵塞水分流动的通路。因而,采用沥青稳定土可降低土的吸水能力,从而提高了土的水稳定性。后者作用则是可提高混合料的强度,它在无黏性的粒料土中占主导地位。

5. 粒料类基层

粒料类基层根据强度构成可划分为嵌锁型与级配型。嵌锁型包括泥结碎石、泥灰结碎石、填隙碎石等;级配型主要包括级配碎石、级配砾石、符合级配的天然砂砾、部分砾石经轧制掺配而成的级配碎石、砾石等。国外有些高等级公路用级配碎石或级配砾石修筑基层或底基层,级配碎石也可用作沥青面层与半刚性基层之间的过渡层。

(二)基层材料的适用范围

我国路面所用的基层材料已走向规格化和定型化,同时路面基层的设计和施工也更具科学性,这是公路和路面等级以及交通发展到一定水平的必然结果。我国常用的基层材料包括六类,即水泥稳定土、石灰稳定土、石灰工业废渣稳定土、级配碎石、级配砾石或级配砂砾、填隙碎石,而且在同一类材料中有的还包括几种不同形式或亚类。例如,在水泥稳定土类中,有水泥土、水泥稳定(土)亚类,而且粒料(土)的颗粒组成范围相当宽。显然,这六类基层材料和不同的亚类材料做路面基层时不会具有同等的结构功能。换言之,这些不同基层材料不能随意用到任何等级的道路中,它们具有各自适用的场合和条件。

1. 水泥稳定土

用水泥稳定土的范围相当广泛,同时水泥剂量越多,水泥稳定土混合料的强度越高。因此,水泥稳定土的强度可以在大范围内进行调整,以适应不同等级道路和不同路面结构层位对材料的强度要求。例如,水泥稳定土的 7 天龄期无侧限抗压强度可以低到小于 1MPa,也可以达到 10MPa 以上。因此,单纯从强度而言,水泥稳定土可以用作各种等级道路路面的基层。但是,考虑不同水泥稳定土的干缩性能、温缩性能、抗冲刷性能等因素后,对于不同等级道路的路面,以及对不同的路面结构层位,应该选用技术经济都最合适的材料。如稳定细粒土,特别是稳定各种砂性土、粉性土和黏性土,不应直接用作高级路面的基层,而只应用作底基层。

作为高等级道路上的基层,不仅应选用稳定粒料,而且粒料的级配应符合基层施工规范中规定的集料级配范围或级配碎石基层或级配砾石基层的集料级配范围,以改善水泥稳定粒料基层的干缩和温缩性,以及提高其抗冲刷能力。对于其他等级道路上的路面基层,则可以选用基层施工规范中水泥稳定土基层颗粒组成范围内的任何当地材料进行稳定。

2.石灰稳定土

石灰稳定土的强度较水泥稳定土的强度低得多。例如,良好石灰土的7天龄期无侧限抗压强度只有 0.8～1.0MPa,3 个月龄期无侧限抗压强度仅 2.0～2.5MPa,间接抗拉强度只有 0.19MPa。此外,石灰土的强度没有大的可调整范围。但是,石灰稳定土基层有很大的刚性和荷载分布能力,它仅略次于水泥稳定土基层。因此,它仍是一种较好的路面基层和底基层材料。它虽然可用作各种路面的基层和底基层,但将它用到高等级道路上时却要引起特别注意。即使是石灰土稳定良好的级配碎石,用于高等级道路时也应进行试验后确定,其主要原因是这种材料的抗拉强度较低和抗冲刷能力较差,收缩性也较大。石灰土不应直接用作高级路面的基层,而只应用作底基层。

作为高级路面的基层,不但应选用石灰稳定粒料土或石灰土稳定材料,而且粒料的比例应该为 80%～85%。同时其级配应符合基层施工规范中所规定的级配范围。由于石灰土的冰冻稳定性较差,以及在过分潮湿情况下难于成型和强度发展较慢,在冰冻的潮湿和过分潮湿路段,以及其他地区的过分潮湿路段,不宜采用石灰土用作基层。在只能采用石灰土时,应该采取措施防止水分浸入大理石灰土层。

3.石灰工业废渣稳定土

石灰工业废渣稳定土中具有普遍意义的主要材料是石灰粉煤灰稳定类,它包括石灰粉煤灰细粒土(如石灰粉煤灰、石灰粉煤灰土、石灰粉煤灰砂等)、石灰粉煤灰中粒土和粗粒土(如石灰粉煤灰砂砾或砂砾土、石灰粉煤碎石、石灰粉煤灰矿渣以及石灰粉煤灰其他粒料)。后两者也简称石灰粉煤灰粒料或二灰粒料。就石灰粉煤灰土或二灰土而言,其强度随三个组成部分的配合比而变。但在原材料不变及压实度相同的情况下,其 7 天龄期的无侧限抗压强度变化不大。

当使用质量好的粉煤灰时,二灰砂砾和二灰碎石的 3 个月龄期的强度大致相当于水泥砂砾和水泥碎石的强度;二灰矿渣(铁渣)3 个月龄期的强度,特别是其抗拉强度甚至可超过水泥碎石的强度。因此,二灰粒料与水泥砂砾或水泥碎石一样可用作高等级道路上路面的基层。但是,作为高等级道路上路面的基层,宜采用粒料占 80% 以上的二灰粒料混合料,同时粒料应具有良好的级配,且其中 0.075mm 以下的颗粒含量应接近于 0,以减小二灰粒料基层的收缩性并增回其抗冲刷性能。二灰粒料可用作各种等级道路上路面的基层。

4. 级配碎石

级配碎石是不用结合料的基层材料中最好的一种材料。很多国家采用加州承载比(CBR)作为检验基层材料是否合适的技术指标时,对级配碎石通常不提 CBR 的要求,也不进行 CBR 试验。因为,当级配碎石的组成符合规定的级配范围及塑性指数小于规定的限值时,其 CBR 值完全满足要求。在用抗剪强度作为路面设计的技术指标之一时,也认为级配碎石是一种免检材料。

级配碎石实际上可用在各种等级路面的基层。但是,在重交通(指交通量大和重车比例多)的高等级道路上用作沥青路面的基层,而基层下又无半刚性材料层时,其上往往需要铺筑厚层沥青面层。例如,国外高等级道路(重交通)采用级配碎石做基层时,沥青面层的厚度一般为 22~30cm。日本的第一条高速公路"名神"高速公路采用级配碎石基层和 10cm 厚沥青混凝土面层。但该路面使用不到 10 年,不少路段上的沥青路面就开始破坏。他们总结得出的原因之一就是级配碎石作为高速公路的基层强度不够。因此,日本后来建设的一些高速公路上,当采用级配碎石用作基层时,基层上沥青材料的厚度为 25~28cm。实际上把级配碎石层作为底基层看待。在高等级道路上采用级配碎石做沥青路面的基层,英国是个例外。在英国的《道路和桥梁施工规范》的说明中指出:级配碎石不应用于高速公路及双幅(即有中央分隔带)2 车道和双幅 3 车道的干线道路。

在一些国家的重交通等级道路上,常采用级配碎石作为半刚性基层与沥青面层间的隔离层或应力消减层。在这种情况下,级配碎石层上的沥青面层可大大减薄,直到仅厚 5~10cm。在石灰丰富的地区,采用级配碎石基层往往是比较经济的。在潮湿多雨地区,采用级配碎石基层更具有优越性,因为在施工过程上降雨对其性质的影响很小。目前,至少在二级以下的公路上采用级配碎石基层时不需要厚沥青面层,可以采用与半刚性基层上相同厚度的沥青面层。

5. 级配砾石或级配砂砾

承载比、级配、塑性指数或塑性指数与 0.5mm 以下颗粒含量的乘积都满足规定要求的级配砾石,如用作薄沥青面层下的基层时,它只能用在轻交通道路上。在某些国家的公路上也有采用级配砾石作沥青路面中的基层(或实际上的底基层)的,但此时其上沥青材料层的总厚度常在 25～30cm。只是在级配碎石层很厚(60～80cm)的情况下或级配碎石层下有无机料处置层时,其上沥青材料层的厚度才稍薄(18～24cm)。

在实际生产中,可用少量石灰或水泥改善级配砾石的塑性指数或强度,使其符合规定的基层材料的技术要求。这种改善材料的应用范围与级配砾石相同。

6.填隙碎石

填隙碎石也是一种不用结合料的良好的基层材料,它的力学性质接近于级配碎石,优于级配砾石。干法施工的填隙碎石在国外(如英国、印度等)的施工规范中称干结碎石,湿法施工的填隙碎石在国外的施工规范中称水结碎石。

在二级以下的公路上,填隙碎石也可以用作各种路面的基层。填隙碎石也可以用作应力消减层。干法施工的填隙碎石特别适宜于干旱地区,因为它可以不用水。

(三)路面材料的质量控制

道路路面基层(底基层)施工质量的管理与检查,主要包括所用材料的标准试验、施工过程中的质量管理和检查、路面基层(底基层)结构外形尺寸检查控制等方面的内容。

1.原材料质量控制

在组织基层现场施工前及在施工过程中,用于路基的原材料(包括土)或混合料发生变化时,必须对拟采用的材料进行规定的基本性质试验,评定所用材料的质量和性能是否符合要求。对于用作底基层和基层的原材料,应进行表 4-1 中所列的试验[①]。

---

① 本节表格均来自李继业,贾雍,张平.公路工程材料检测和施工质量控制[M].北京:化学工业出版社,2015:232.

表 4-1 底基层和基层原材料的试验项目

试验项目	材料名称	试验目的	试验频率	仪器和试验方法
含水量	土、砂砾、碎石等集料	确定原始含水量	每天使用前测 2 个样品	烘干法、酒精燃烧法、含水量快速测定仪
颗粒分析	砂砾、碎石等集料	确定级配是否符合要求,确定材料配比	每种土使用前测 2 个样品,使用过程中每 2000m³ 测 2 个样品	筛分法
液限、塑限	土、级配砾石中 0.5mm 以下的细土	求得塑性指数,审定是否符合规定	每种土使用前测 2 个样品,使用过程中每 2000m³ 测 2 个样品	液限塑限联合测定法测液限,滚搓法塑限试验测塑限
相对毛体积密度、吸水率	砂砾、碎石等	评定粒料的质量,计算固体的体积率	使用前测 2 个样品,砂砾使用过程中每 2000m³ 测 2 个样品,碎石种类变化重做 2 个样品	网篮法或容积 1000L 以上的比重瓶法
压碎值	砂砾、碎石等	评定石料的抗压碎能力是否符合要求	使用前测 2 个样品,砂砾使用过程中每 2000m³ 测 2 个样品,碎石种类变化重做 2 个样品	集料压碎值试验
有机质和硫酸盐含量	土	确定土是否适宜于用石灰或水泥稳定	对土中有机质和硫酸盐含量有怀疑时做此试验	有机质含量试验、易溶盐试验
有效钙、氧化镁	石灰	确定石灰的质量是符合要求	做材料组成设计和生产使用时分别测 2 个样品,以后每日测 2 个样品	石灰化学分析试验
水泥强度等级和终凝时间	水泥	确定水泥的质量是符合要求	做材料组成设计时测 1 个样品,料源或强度等级变化时重测	水泥胶砂强度检验方法,水泥凝结时间检验方法

试验项目	材料名称	试验目的	试验频率	仪器和试验方法
烧失量	粉煤灰	确定粉煤灰质量	做材料组成设计前测2个样品	烧失量试验

2.混合料的质量控制

对于初步确定使用的底基层和基层混合料,包括掺配后不用结合料稳定的材料,应按表 4-2 中的规定项目进行试验。

表 4-2　底基层和基层混合料的试验项目

试验项目	试验目的
重型击实试验	求混合料最佳含水量和最大干密度,以确定工地碾压时的合适含水量和应当达到的最小干密度,确定制备强度试验和耐久性试验的试件所应当用的含水量和干密度;确定制备承载比试件的材料含水量
承载比	求工地预期干密度下的承载比,确定材料是否适宜做基层或底基层
抗压强度	进行材料组成设计,选定最适宜于用水泥或石灰稳定的土(包括粒料);规定施工中所用的结合料剂量;为工地提供评定施工质量的标准
延迟时间	对已定水泥剂量的混合料,确定延迟时间对混合料密度和抗压强度的影响,并据此确定施工允许的延迟时间

二、公路工程施工中路基及其质量控制

路基是公路工程中重要的组成部分,是按照路线位置和一定技术要求,在原地面上通过挖、填、压实、砌筑而修成的支承路面的带状构造物。由于路基在使用过程中,要承受由路面传递而来的行车荷载作用,并抵御各种环境因素的影响,是路面的基础。路基质量的好坏,直接影响到路面的使用性能。路面的损坏往往与路基排水不畅、压实质量不够、整体强度偏低等有直接关系,且路基破坏后,修复难度大、工程费用高。因此,要求路基必须具有足够的强度、良好的水稳定性和较好的耐久性等。

路基施工就是以批准的设计文件和施工技术规范、标准为依据,以确保工程质量为中心,有组织、有计划地将设计图纸转化为工程实体的建筑活动。在公路工程建设中,路基工程不但工程量巨大,而且投资较多,路基施工质量的好坏,直接影响到路面的使用年限和效果。因此,保证路基工程的施工质量,是公路工程施工的关键。对于公路的路基工程应严格按照现行的有关施工技术规范和技术标准进行精心施工,严格监控把关,以保证路基工程具有足够的强度、稳定性、耐久性及经济合理性。

(一)路基工程的基本特点

公路工程建设的基本特点是线长面广、工程量大、投资较多、影响因素复杂、技术要求较高。随着公路等级、几何线形、工程质量要求的标准提高,公路工程建设的整体难度加大,在公路工程的建设中,只有克服诸多不利因素的影响,才能保证公路工程的质量。

路基工程的施工质量会受到多种不利因素的影响。虽然路基施工主要是开挖、运输、填筑和压实等比较简单的工序,但是由于路基施工存在条件变化大、工程数量大、施工难度大、施工方法多样等特点,对于保证路基工程的施工质量有很大难度。特别是地质不良的特殊路段及隐蔽工程较多的路基,在施工时常常会遇到复杂的技术问题和各种突发性事故需要处理,可以说路基工程施工技术是简单中蕴含着复杂。

1.路基设计与施工的特点

高等级公路在路基设计和施工方面与一般公路的不同之处就在于它的高标准、高质量和严要求。归纳起来,高等级公路的路基工程设计和施工具有以下特点:

(1)高填与深挖的路基增多。为了减少横向交通的干扰,必须在高等级公路上设置供横穿公路的行人和车辆通行的设施。对于山丘地区,可以利用地形布置天桥式横穿道;对于平原地区,则只能以提高路基填土高度来满足设置下穿式通道的要求。因此,在平原地区修筑高等级公路,其路基填土高度一般应在 4~5m 以上。填土高度的增加,既增加了填土路堤的工程量,又要求填土材料具有良好的均匀性,施工时的含水量和压实度也应尽量均匀一致,以免引起路基发生过大或不均匀的沉降变形。

由于高等级公路线形要求纵坡平缓,曲线的半径较大,当路线通过山区或丘陵区时,则会出现较多的深挖或高填的问题。对于深挖路堑,有可能因地质、土质和水文情况的变化,使路堑的路床出现软弱土层及受地下水的侵袭,而使得路基强度降低。对于高填方路堤,应特别注重填筑质量。无论是深挖路堑还是高填路堤,都有高边坡的稳定问题,需要在设计和施工中考虑好支护、护坡及施工工艺的合理性。

（2）特殊地质条件的路基增多。由于高等级线形的重要性，路线通过不良地质地段的机会较多。尤其在丘陵地区，往往由于深挖和高填，使路基在软土或强风化岩层上的机会比较多。在冲积平原和三角洲地区修筑高等级公路，通常会遇到大面积的和深层的软土地基。以上各种情况，对于路基工程而言，需要考虑换土、改良和加固路基的问题，这就要求采取特殊的施工工艺。

（3）路基中的桥涵和通道增多。高等级公路一般采取全封闭或半封闭的方式，以保证车辆的快速通行和安全行驶。由于公路还要通过广大的农村地区，为方便农村人口的生产与生活，需要增设较多的小桥和过水的涵洞、灌溉虹吸管、人行或农用机械通道。对于这些情况，则要求路基施工时对桥涵和通道的台背填土要碾压密实。由于台背填土压实施工比较麻烦，施工时常被放松和疏忽，在使用中则发生明显的下沉，致使路基路面与桥涵、通道衔接不平顺，影响车辆的高速运行和行驶安全。

（4）取土和弃土的矛盾增大。当公路的线路通过山区和丘陵区时，由于线形标准的提高，则在路基设计时很难考虑到上方的填挖平衡，有可能增大借土的数量和公路的用地范围。这些问题在设计中都应当充分考虑到。当路线通过平原地区时，由于路基两侧大多数都为良田，征地的费用必然很高，且我国目前的人均耕地极少，为了减少取土占地的矛盾，有时不得不将路基设计成高架桥的形式，这样又会增加施工的难度。

2.填方路堤的主要特点

（1）由于填方路堤存在沉降和稳定问题，特别是高路堤更有可能会发生稳定性问题，因此对基底处理、填料选择、排水措施、压实质量控制等方面均要求比较高，如此才能保证路基的稳定性和耐久性。

（2）高等级公路的路基一般都比较高，所需的土方量很大，为确保施工质量和工程进度，因此必须采取机械化作业，从基础的处理、填料的开挖、运送、摊铺、压实，均应采用一系列的机械进行施工。

（3）为适应高等级公路车辆高速行驶的要求，路面必须具有很高的平整度，验收时采用连续式平整度仪测量平整度，其最大标准差值不大于1.2mm。要保证路面达到这么高标准的平整度，必须从路基填土抓起，尤其是路床填土更应当严格要求，使每层填土都大致平整，没有大的起伏和凹凸，并基本符合路基顶面高程的要求，其允许偏差不超过10mm，否则是无法满足路面各结构层厚度和整个路面平整度要求的。

（4）填方路堤高速公路一般采用封闭形式，这样桥涵、通道必然也就多，结构增多势必带来结构物两端路堤的填筑与压实困难问题。因此必须采用各种技术措施以保证结构物两端路堤的填筑与压实质量，从而减少和避免桥头跳车现象。

（5）填方路堤的沉降是施工中应引起特别注意的问题。为了尽量减少路堤的沉降，提高路堤的稳定性，在设计和施工中必须广泛采用新材料、新设备和新检测手段。

（6）高等级公路一旦开通运行后，交通量会迅速增长，在较长的一段时间内，很难再中断车辆的行驶，路基和路面的维修十分困难。

（7）在高等级公路施工中必须做好环境保护和绿化工作，而这方面在填方路堤施工中是相当重要的，施工中存在的水土、植被、地貌等，不应因填方施工而遭到破坏，填料中不能含有害物质，防止产生环境污染。

（8）高等级公路不仅对所在地区的经济建设具有很重要的意义，而且技术标准高、工程造价大。如果通车后不久即出现病害，就不得不中断交通返工重修，这不仅会造成重大的经济损失，而且在社会上也会造成不良影响。

3. 挖方路基的主要特点

高等级公路交通量很大，行车速度也很快，要求运行质量比较高，建成后如果发生病害，将危及行车安全，影响高等级公路运营，养护维修也非常困难。高等级公路挖方路基与一般公路路基的不同之处，主要表现在以下方面：

（1）高等级公路挖方路基应保证边坡具有长期稳定性。对于边坡的变形应以预防为主，边坡稳定应结合边坡防护处理、边坡排水设施及施工方法等进行综合考虑。进行挖方边坡设计时，还应预测高等级公路运营期间的边坡应力与变形的变化情况，对边坡稳定设计方案进行可靠性分析或敏感性分析。

（2）强调挖方边坡设计与施工方案的有机结合。根据分析预测各施工过程中边坡的应力和应变情况，做好挖方路基施工工艺、施工方法和施工程序的组织设计。

（3）重视行车安全性。选择挖方路基的断面形式不仅要考虑边坡的稳定性，而且还要考虑其对行车安全的影响。对于深路堑，应与修建隧道的方案进行技术经济比较论证。

（4）重视挖方路基的美化和环境保护。挖方路基应与周围自然景观相协调，力求避免深挖高填，破坏生态平衡。在保证边坡稳定的同时，应注重边坡的美化,满足行车安全、视觉舒畅、景观优美的要求,并做好挖方路段的废方处理,以防止水土流失和生态环境的恶化。

(二)路基工程的基本要求

路基工程是组成道路的基本结构物,它一方面要保证车辆行驶的通畅与安全,另一方面又要支持路面承受行车荷载的要求,因此应满足以下要求:

(1)具有足够的抗压强度。路基是道路路面下的建筑,除与路面共同承受交通荷载外,同时也是路面结构物的基础。道路上的交通荷载,通过路面传递给路基,并对其产生一定的压力,路基路面的自重又给地基一定的压力。因此,要求路基应当具有足够的抗压强度,路基的强度直接影响到路面的强度。

(2)具有足够的水稳定性。路基暴露于大气之中,受到水文、气候条件的影响。我国南方非冰冻地区,路基主要受大气降水、地表水和地下水的作用.不仅影响路基的强度而且会引发季节性变化,使路基强度降低,产生过量的变形。特别是高填方的路堤,受水侵蚀后,路基的抗剪强度显著降低,在交通荷载及路基路面自重的综合作用下,路基易产生失稳,容易在路基体内产生滑动破裂面和过大的位移,从而引起路面的变形与损坏。因此,要求路基应具有足够的水稳定性。

(3)具有足够的冰冻稳定性。我国北方季节性冰冻地区的路基,受到季节性的冰冻作用,使路基出现周期性的冻融状态,并同时引出冻胀病害的发生。路面不均匀冻胀会破坏路面平整度,使路面产生裂缝及春融时路基强度急剧降低。因此,对季节性冰冻地区的路基,除了具有足够的强度外,还要求具有足够的冰冻稳定性。

(4)具有足够的整体稳定性和耐久性。虽然填方路基的施工工艺比较简单,但其工程数量相当庞大,施工过程费工费时,在公路工程的总造价占有很大比重。加之这类路基长期暴露在自然环境中,受气候条件的影响很大,所以路基抵御各种自然条件侵蚀的能力,即路基的整体稳定性和耐久性,是一个非常重要的问题。

随着公路技术等级的不断提高,路基质量问题就显得非常突出,因此,无论是设计还是施工,都应当十分重视路基的整体稳定性和耐久性问题,特别是高速公路,更应特别注意。在路基工程施工中,压实是形成路基整体稳定性和耐久性的有效技术措施,压实可以充分发挥路基土的强度,减少路基、路面在行车荷载下的变形,可以满足路基整体稳定性和耐久性要求。

(三)路基工程的质量控制

1.建立施工质量的控制体系

采取系统严密的质量管理方法。在每个施工段配备一名质检试验员负责把关,实验室人员应针对不同的土质提供相应的最大干容重、土的颗粒分析及液塑限试验数据。每填筑1层后恢复1次中线,避免中线偏位和控制路基各部位的要求标高。

为了有条不紊地实现优质高产,可建立实行合格通知单制度。通知单由工地质检试验员签发,当工段长接到合格通知单后才准许安排下道工序的施工。下层施工先进行包边,包边土碾压后,内缘浮土清理干净再进行正常填筑(碾压后的厚度不大于23cm)。没有培槽的路段不允许进行填筑。

2.强化施工现场的监督管理

(1)路基施工工艺控制。工程质量不是检验出来的,路基施工完毕后,它的质量即客观地存在,质量到底如何,一方面可以通过试验检验;另一方面可以通过使用来检验。控制路基的施工质量,首先应从控制路基的施工工艺着手,严格控制施工工艺是生产高质量路基的关键。

(2)路基填筑之前的质量控制。路基填筑之前的质量控制包括两个方面:一方面对原地面的质量检验,如检查是否已经清淤、清场,清淤是否彻底,有无软土地基,是否已排水干燥,是否已经碾压、压实质量是否合格,是否平整等;另一方面对下层路基的质量检查,如下层路基是否已经验收合格。

(3)碾压质量控制。碾压质量控制包括选取合适的压路机吨位、型号、压实遍数、压实方法及压实的均匀性等。高速公路采用重型击实标准和要求较高的压实度,这就要求大吨位的压路机与之相配套。不同吨位的压路机对不同土质的压实效果不同,振动碾压砂砾土能得到良好的压实效果,而振动碾压黏性土能得到最佳压实效果。同一种型号的压路机对不同土质的压实效果也不一样。这就决定对不同土质,同一压路机碾压采用不同的压实遍数。压实方法对压实效果也有影响,压实均匀性要求控制被碾压路段的压实度一致,不至于出现一部分超密,而另一部分欠密的不均匀现象。填土表面平整性也是影响压实均匀性的因素之一,常会出现凸部超密而凹部欠密的不均匀现象。因此,严格控制路基碾压前的填土表面平整性也是很有必要的。

（4）路基排水控制。路基排水包括两个方面：一方面是路基与周围排水系统的相关联系，不能因汛期的到来而使路基长时间受水侵蚀，应形成排水流畅性完整的排水系统，且与周围水系相协调；另一方面是公路本身的排水体系，如边沟、截水、急流槽、分散排水、集中排水、纵坡、横坡、中央分隔带纵向及横向排水管等较为完善，能使公路上的雨水及时排出，保持路基干燥。路基施工时应特别注意临时排水设施的设置，也应注意每层填筑时路拱的形成，以便雨水能及时排出，避免施工路基长时间浸泡，也有利于加快路基施工的进度。

（5）构造物衔接处回填土施工控制。构造物衔接处的回填土压实称为特殊夯实区，它包括桥台台背、通道墙身两侧、拱涵或圆涵两边，以及挡土墙壁背面的填土或填砂，这些区域若不采取特殊措施使其密实，常无法达到规定的压实度，工程竣工后就造成桥头跳车的通病。这一通病产生的主要原因是桥头填土差异沉降。治理这一通病的关键在于配备好压实机具、选择合适的填筑材料及填筑时的施工质量控制。

（6）重视路基施工过程的测量放样工作。路基施工测量放样是个很重要的工作，有时会被施工单位所忽视，在路基质量检查中，往往会发现路基的中线偏位、路基宽度不足、填挖方边坡与设计不符等现象，这些都会形成路基的施工质量通病。国外公路工程非常注意路基施工过程的测量放样，每层填土都要恢复边桩，监理工程师在任何时候抽查，都要检查桩位。其实，施工单位做到这点并不难，可在放样准确的基础上做好护桩的工作，则随时就可以恢复中桩和边桩了，这是一项保证路基施工质量必不可少的工作。

第三节　公路工程施工的质量评价分析

公路施工的工程项目是按照现行的《公路工程质量检验评定标准第一册土建工程》(JTG F 8011—2017)实行的。这部作为公路工程质量监控、管理预验收的文件是具有法律效力的，它可以作为多项工程交接与验收的标准，也是公路工程竣工验收质量评定的依据。其主要适用于三级及三级以上公路的新建与改建工程。对于四级公路，要根据现实情况，考虑到工程规模、施工组织形式、技术设备等因素，可以按照规定实施严格的质量管理与控制,必须要按照规定参照使用。在现实中由于建设任务与施工管理、质量控制的具体需求不同,建设项目可以划分为三级:即单位工程、分部工程与分项工程。

在建设项目中,根据业主的相关要求与签订合同的具体要求,将具有独立施工条件可以单独作为成本计算的对象作为单位工程。单位工程主要分为六类:桥梁工程;路基工程;路面工程;隧道工程;互通立交工程;交通安全设施类工程。

在分部工程中,按照不同的施工材料、施工的工序等因素可以划分出不同的分项工程。在单位工程中,按照施工的特点与施工的任务可以划分出不同的分部工程。施工单位应该按照相关的规范将工程进行划分,质量监督部门可以按照相关的工程划分进行工程质量等级评定。工程划分作为一种参照标准,可以为不同的部门提出参考建议。

一、工程质量的评分方法

施工单位在各个分项工程竣工之后,按照规定,对比《公路工程质量检验评定标准第一册土建工程》(JTG F 80/1—2017)的基本要求进行自我检查。根据分项工程质量检验评定表,提交自行检查的结果资料。监理工程师应该按照相关规定要求对工程质量进行检查,对于施工单位自我检查的资料进行确定与检查,并进行评分。质量监督部门根据抽查的资料进行分级评定,最后作为竣工验收评定等级的依据。

公路工程质量检验评分以分项工程作为评定单位,实行满分为 100 分的评分方法,在分项工程评分的基础之上,按照一定的顺序分别计算相应分部工程、单位工程及建设项目的单位工程的评分值及优良率。

(1)分项工程评分方法。分项工程质量检验的主要内容分为四个方面:即基本要求、实测项目、外观鉴定和质量保证资料。分项工程质量进行检验评定的前提是,施工中使用的材料、半成品与成品、施工的工艺符合基本要求规定,外观没有严重缺陷与损害,质量保证资料真实而齐全,这几项内容不是满足其中之一就可以,而是需要全部满足,这样才可以进行分项工程质量检验评定。分项工程实测项目的分值总和为 100 分,外观存在缺陷或者资料不真实或不齐全的情况,需要根据具体情况,按照相关标准进行扣分。分项工程的评分,简单来说就是实测项目中各项检查项目的分值总和,除去扣除外观缺陷与资料不全的分值。

1)基本要求检查。按照各分项工程所有的基本要求,进行逐项检查,经过检查发现有不符合基本要求规定的,不能进行工程质量检验与评定。基本要求检查使相关人员与单位对施工质量的基本情况有了一定的了解,从而使后期的工作安排能顺利进行。

2)实测项目。实测项目的检查一般采用对规定项目现场抽样的方法,按照规定频率与相应的计分方法对分项工程的施工质量进行直接检测评分。主要的评分方法有以下两种:

第一,合格率评分方法。除去按照数理统计评分方法的项目,其他项目也都要按照合格率评分方法进行评定。通过该方法得到的检查项目评定分数就是检查项目规定分数的合格率。

第二,数理统计评分方法。数理统计评分方法适用于路基路面的压实度、水泥混凝土抗压、弯沉值、路面结构等的评分评价。

3)外观缺陷扣分。检测人员对工程的外表状况进行检查时候,如果发现外观有问题,则应该按照实际情况与相应的标准进行减分;如果外观存在严重的缺陷与损坏,则施工单位需要对此采取相应的措施进行处理与补救。

4)资料不全扣分。分项工程的施工资料与图表如果有资料不齐全或者图表缺乏相应数据,甚至是修改、伪造相关的资料或图表,则该工程不可以进行检验与评定。资料不齐全应该根据情况,每项扣除分值为1~3分。

(2)分部工程和单位工程评分方法。分部工程与单位工程的评定方法基本相同,它们都会采用加权平均值的计算方法来确定最后的评分值,只是赋予不同的工程不同的权值而已。

(3)建设项目工程质量评分方法。建设项目工程质量评分主要是用单位工程优良率与建设项目工程质量评分值这两个指标来进行评定的。

(4)施工单位应提交质量保证资料。施工单位应保存完整的施工原始记录及相关数据,并确保提交资料的完整性与真实性。监理工程师负责提交完整的监理资料。质量保证资料主要包括:①施工材料的配比、搅拌、加工、控制的检验数据与测试结果;②地基处理结果;③使用原材料、半成品与成品材料的质量检测结果;④每一项质量控制指标的测试记录与质量检验图表;⑤施工过程中遇到的困难及棘手问题记录,对工程质量影响的相关分析;⑥施工中出现的质量事故,经过处理之后,达到规定要求认可的相关证明。

二、工程质量等级评定办法

工程质量的评定等级分为三种,即优良、合格、不合格。根据工程项目的不同进行逐级评定。

(1)分项工程质量等级评定。分项工程评分标准 75 分为及格线;75 分以下视为不合格;75 分以上,90 分以下视为合格;90 分以上视为优秀。如果某工程经过质量监督部门检查评定的分数为 75 分以下,是需要施工单位进行返工、整修、加固的,当达到相关的标准之后,再重新进行质量等级评价,并且达标之后只能判定为合格。

(2)分部工程质量等级评定。分部工程评为优良的条件是各个分项工程全部合格,加权平均分在 90 分以上,所包含的主要分项工程全部评价为优良。

分项工程全部合格的条件是加权平均分为 90 分以下,分部工程评定为合格。分项工程没有全部达到合格标准,则分部工程视为不合格。

(3)单位工程质量等级评定。

优良:下属所有分部工程全部合格,加权平均分在 90 分以上,所包含的主要分部工程评价为优良。

合格:加权平均分在 90 分以上,主要分部工程没有全部达到优良。

不合格:分部工程没有全部达到合格标准,单位工程质量不合格。

(4)建设项目质量等级评定。建设项目工程质量的等级评定,一般采用单位工程优良率与建设项目工程质量评分值双指标进行控制。建设项目中的所有的单位工程全部合格,工程质量的等级被评定为合格。建设项目内所有的单位工程全部合格,单位工程的优良率不少于 80%,并且在建设项目中的工程质量评分不能低于 90 分,工程质量的等级则可以被评定为优良。但只要是其中任意一项工程不合格,就视为工程质量不合格。

三、抽样检验的评定方法

抽样检验的目的就是随机抽取样本,根据样本取得的质量数据来推测与样本同一批次产品的质量或者工序的情况,然后进一步推测产品质量与工序是否合格。

在同一批产品中,随机抽取样本数,有规定的允许不合格判定数,还有抽取样本中的不合格数量,如果抽取样本中的不合格数量小于等于抽样中允许的不合格数量,则该批产品合格;如果抽取样本中的不合格数量大于抽样中允许的不合格数量,则说明这批产品不合格,不符合验收的标准。

四、按数理统计方法

(1)路基、路面压实度评定。一般来讲,路基、路面基层的压实度要按照重型击实标准。对于特殊地域的土质,还有铺筑中级或低级路面的三、四级公路的路基,需要按照路基设计施工规定的压实度进行评定。

路基、路面的压实度评定单元为 1～3km 长的路段。评定时根据相关标准的检测频率进行现场压实度抽样检查,计算出每一测试点的压实度。粗粒土与细粒土的压实度采用的检测方法既有不同之处,也有相同之处。粗粒土及路面的压实度一般采用钻孔取样蜡封法或者是灌沙法,细粒土的压实度一般采用灌砂法与环刀法。它们的相同之处就是都可以采用灌沙法。

(2)水泥混凝土弯拉强度评定。水泥混凝土弯拉强度评定的方法一般有两种,即劈裂法与小梁法。一般规定试件的养护时间为 28 天。每 200m³ 混合料制作 2 组试样,每组以 3 个试件的平均值作为一个统计数据,进行评定。

(3)喷射混凝土抗压强度评定。喷射混凝土强度的合格标准为同一批试件组数大于或者等于 10,试件抗压强度的平均值不能低于设计值,每一组的试件抗压强度不能低于 0.85 的设计值;如果同一批试件组数小于 10,试件抗压强度平均值不能低于 1.05 倍的设计值,每一组的试件抗压强度不能低于 0.9 倍的设计值。在实测项目中,喷射混凝土抗压轻度的评定只有两种结果,一种是合格;一种是不合格。合格是满分,不合格是零分。

(4)水泥砂浆强度评定。水泥砂浆强度评定的实测项目与喷射混凝土抗压强度评定的结果一样,只有合格与不合格。水泥砂浆强度的评定还是以标准养护 28 天的试件为标准,取试件边长为 7.07cm 的立方体,6 件为一组,组数应该符合相关规定:①不同强度等级及不同配合比的水泥砂浆应分别制取试件,试件应随机制取不得挑选;②重要及主体砌筑物,工作班制取两组。一般砌筑物,工作班制取一组;③任意一组试件的强度最低值不能低于设计强度的四分之一;④拱圈砂浆应同时制取与砌体同条件养护试件,以检查各施工阶段强度;⑤水泥砂浆强度的合格标准为同标号试件的平均强度不低于设计强度等级。

(5)路面结构层厚度评定。评定路段内路面结构厚度时按照代表值的允许偏差与单个测定值的允许偏差进行评定,并且采用钻芯取样的方法。路面结构层厚度评定标准为高速公路、一级公路的基层和底基层为设计值的99%,面层为设计值的95%;其他类型的公路,基层、底基层为设计值的95%,面层为设计值的90%。

当厚度代表值大于等于设计厚度减去代表值允许偏差时,则按单个检查值的偏差是否超过极值来评定合格率和计算应得分数;当厚度代表值小于设计厚度减去代表值允许偏差时,则厚度指标评为零分。高速公路和一级公路还应进行上面层厚度的检查和评定。

第五章　公路工程施工中路基的养护管理

第一节　公路工程路基养护的内容与要求

路基是公路的重要组成部分,是路面的基础,与路面共同承担车辆荷载。路基的强度和稳定性是保证路面平整度、强度和稳定性的重要条件之一。所以,为保证公路的正常使用性能,必须对路基进行周期性、预防性、科学合理性的养护,使其经常处于良好的技术状态,不发生较大的变形和其他病害。

一、公路工程路基养护的工作内容

"随着我国城镇化的不断发展,我国公路交通已经开始由大规模建设期向持续养护期转型,公路养护正成为我国公路发展的新主题。其中路基养护将成为城市公路养护技术领域的最重要组成部分之一。"[①]为保证路基的坚实和稳定,保证路基的排水性能良好,使各部分尺寸和坡度符合规定,及时消除不稳定的因素,并尽可能地提高路基的技术状况,就必须对路基进行及时、经常的养护、维修与改善。路基养护工作的主要内容包括以下方面:

第一,维修、加固路肩及边坡。

第二,疏通、改善、铺砌排水系统。对边沟、截水沟、排水沟及暗沟(管)等排水设施,应及时排除堵塞,疏导水流保持畅通,并结合地形、地质、纵坡、流速等情况,综合考虑铺砌加固程度。

第三,维护、修理各种防护构造物及透水路堤,管理保护好公路两旁用地。公路沿线的防护构造物包括护坡、护面墙、石笼、植物、铺草皮、丁坝、顺

---

① 吴建清,厉超,宋修广.公路路基养护现状分析[J].北方交通,2014(10):33—35.

坝及各种类型的挡土墙等,要保证这些构造物完整无损,发挥路基的防护与加固作用。

第四,清除塌方、积雪,处理塌陷,检查险情,预防水毁。

第五,观察、预防、处理滑坡、翻浆、泥石流、崩塌、塌方及其他路基病害,及时检查各种路基的险情并向上级报告,加强水毁的预防与治理。

第六,有计划地局部加宽、加高路基及改善急弯、陡坡和视距,以逐步提高技术标准和服务水平。

二、公路工程路基养护的基本要求

路基养护的基本要求是通过日常和定期的检查,发现问题,分析原因,采取养护、维修措施。公路工程路基养护应符合以下要求:

第一,通过日常巡查,发现病害及时处治,使路基保持良好稳定的技术状况。

第二,路肩无病害,边坡稳定。

第三,排水设施无淤塞、无损坏,排水畅通。

第四,挡土墙等附属设施良好。

第五,加强不良地质中期边坡崩塌、滑坡、泥石流等灾(病)害的巡查、防治、抢修工作。

第二节　公路路肩与边坡的养护管理

一、公路路肩的养护管理

路肩的功能是保护路面边缘,加强路基的稳定性,便于行人和非机动车的通行,也可用于紧急情况下的临时停车,偶尔供错车之用。如果养护不当,路肩松软,则往往会使路面边缘发生毁坏,即所谓的"啃边"破坏。而水是导致路肩松软的主要原因,因此,减少或消除水对路肩的危害是路肩养护与维修工作的重点。

土路肩出现车辙、坑洼或与路面产生错台现象时,必须及时整修,并用与原路基相同的土填平夯实,使其顺适。

土路肩过高妨碍路面排水时，应铲削整平。

土路肩横坡过大时，应削高补低整修至规定坡度。土路肩或有草的路肩应满足其横坡度比路面坡度大 1%～2% 的要求，以利于排水。

公路上的路肩通常不用于行车，但从功能上要求其能承受汽车荷载。因此，为减少路肩养护工作量，对于行车密度大的路线，也应该有计划地将土路肩改铺成硬路肩。

(1)陡坡路段(纵坡大于 5%)路肩的防排水治理。陡坡路段的纵坡较大时(>5%)，暴雨易将路肩冲成纵横沟槽，甚至冲坏路堤边坡，可根据路基排水系统的情况，采取以下措施：

第一，自纵坡坡顶起每隔 20m 左右两边交错设置宽 30～50cm 的斜向截水明槽，并用碎石填平；同时在路肩边缘处设置高 10cm、上边宽 10cm、下边宽 20cm 的拦水土坡。在每条截水明槽处留一淌水口，其下面的边坡用草皮或砌石加固，使水集中由槽内流出。

第二，在暴雨中，可沿路肩截水明槽下侧临时设置阻水埋，迫使雨水从槽内排出，但雨后应立即铲除。

第三，中、低级路面路肩上自然生长的草皮应予以保留。植草皮应选择适宜于当地土壤的种子。成活后需加以维护和修整，使草高不超过 15cm，丛集的杂草应铲除重铺，以保持路容美观。如路肩草中淤积砂土过多妨碍排水时，应立即铲除，以恢复路肩应有的横坡度。

第四，路肩外侧易被洪水冲缺或牲畜踩踏形成缺口，可用石块、水泥混凝土预制块或草皮砌宽 20cm 左右的护肩带，既消除病害，又美化路容。

(2)路肩上养护材料的堆放。对于养护材料，应该在公路路肩之外，根据地形情况，选择适宜地点，设置堆料坪，堆料的间距以 200～500m 为宜。堆料坪长 5～8m，宽约 2m。机械化养路或较高级路面，可以不设堆料坪。

二、公路边坡的养护管理

(一)边坡养护的基本要求

边坡养护的基本要求如下：
(1)边坡坡面应经常保持平顺、坚实、无裂缝。
(2)严禁在边坡上及路堤坡脚、护坡道上挖土取料或种植农作物。
(3)边坡发生病害，应采取相应的技术措施进行维修和加固。

(4)植被对边坡有保护作用,禁止在边坡上割草、放羊。

(二)边坡养护的表现形式

1.上下边坡养护

(1)上边坡养护。

第一,边坡上有危岩、浮石、松动土等,应及时清除,将坑凹地区嵌入浆砌片石,并使周围牢固嵌稳。

第二,边坡上出现冲沟或缺口,应及时用黏结性良好的土修补捣实。

第三,定期对边坡上杂草进行修剪(不宜铲除),以保持行车视觉良好。

第四,上边坡较高、积水面积较大时,应加强坡顶是否有裂缝、坍塌等现象检查,并及时疏通、加固截水沟。

(2)下边坡养护。

第一,土路堤边坡的雨水冲沟和缺口,应用黏结性良好的土修补捣实;对于较大的冲沟和缺口,应将原边坡挖成台阶形后分层填筑压实,并与原坡面平顺衔接。

第二,土质松散的路堤边坡,可采用全范围人工植草或平铺草皮进行防护;或在路肩设置拦水带和截水明槽,以减少坡面冲刷。

第三,非常水位临水边坡:漫水时流速不大区域,可采用抛石护坡加固;水位较深、流速大的区域应采用石笼护坡。

第四,常水位淹没路段:宜用浆砌片石护坡,加强防护;水流较急路段宜采用混凝土挡墙。

2.植物坡面养护

为使边坡状况尽可能与周边自然景观相协调,在有条件的路段应优先采取植物防护坡面技术,如种植灌木丛、铺草皮或种植香根草,也可采用液压喷播、客土喷播和岩质坡面喷混植生等技术措施。

3.土质边坡养护

对于土质边坡、碎落台、护坡槽等,如经常出现缺口、冲沟、沉陷、塌落或受洪水、边沟流水冲刷及浸水时,应根据水流、土质等情况,选用种草、铺草皮、栽灌木丛、铺柴束、篱格填石、投放石笼、干砌或浆砌片石护坡等措施,进行防护和加固。

边坡如发生坍塌需要修整时,不能在边坡上贴土修补,而应在毁坏的地段上,从下到上先挖成土台阶,再分层填土夯实。夯实后的宽度要稍超出原来的坡面,以便最后切出坡面。

4.石质边坡养护

对易风化的软质岩石或破碎岩石的路堑边坡,因常受自然条件的影响剥落而破坏,用植物防护有困难时,可选用抹面、喷浆、勾缝、灌浆、嵌补等方法进行处置,以保证路基的稳定,避免堵塞边沟或危及行车和行人。

(1)抹面防护。抹面防护适用于易风化而表面较完整、尚未剥落的岩石边坡,选用混合材料涂抹坡面,以防止表层岩石风化的进一步发展。但必须注意,抹面仅能够起到防护层的作用,不能承受荷载,所以边坡必须是稳定的。

施工时要注意,抹面前需要对被处置坡面进行清理,并应将坡面上的坑洼用小石块嵌补填平,然后用水洒湿坡面,使灰浆与坡面结合良好。抹面应均匀涂抹,然后待灰浆稍干即进行夯拍,直至表面出浆为止,并应进行洒水养护。

(2)喷浆防护。喷浆防护是将灰浆均匀地喷射在岩层表面上,使之形成一个保护层,是防止坡面风化破坏的一种措施,适用于易风化而仍较完整的岩石路堑边坡。这种方法施工简单,效果好,但水泥用量较大。喷浆的材料可以是纯水泥浆、水泥砂浆、水泥石灰砂浆等。喷浆厚度视坡面岩石风化程度而定,一般为 2cm 左右,而需较厚者可以分层喷射,喷浆后应洒水养护。

(3)勾缝防护。勾缝适用于较坚硬的、不易风化的、节理裂缝多而细的岩石路堑边坡,用以防止雨水沿裂缝进入岩层内造成病害。

(4)灌浆防护。灌浆适用于较坚硬的、裂缝较大的而且较深的岩石路堑边坡,借砂浆的黏结力把裂开的岩石黏结为一体,维护边坡的稳定。

(5)嵌补防护。嵌补防护可用浆砌石块或水泥混凝土嵌补,适用于补平岩石坡面中有较深的局部凹坑,以防坡面继续破损碎落,维护边坡的稳定。

(6)锚固防护。锚固防护适用于岩石边坡的层理或构造面倾向于路基并有可能顺层面下滑的情况。这种方法是垂直于岩面坡面钻洞,将钢筋直穿至稳定基岩内,然后向洞内灌入水泥砂浆,使钢筋串联岩层,阻止岩层下滑。

第三节　公路支挡设施养护管理与路基翻浆的防治

一、公路支挡设施的养护管理

挡土墙是用来支撑天然边坡或人工填土边坡,以保持土体稳定的支挡设施。在公路工程中,它广泛应用于支撑路堤或路堑边坡、隧道洞口、桥梁及河流岸壁等。

挡土墙的日常养护除经常检查其有否损坏外,每年应在春秋两季各进行一次定期检查,北方冰冻严重地区尤应注意,主要检查挡土墙在冰冻融化后墙身及基础的变化情况,以及冰冻前所采取的防护措施效果。另外,在反常气候、地震或重型车辆通过等特殊情况后应进行及时检查,发现裂缝、断裂、倾斜鼓肚、滑动、下沉或表面风化、泄水孔堵塞、墙后积水、周围地基错台、空隙等情况,应查明原因,并观察其发展情况,采取相应的修理、加固等措施。对检查、修理和加固情况,应做好工作记录,设立技术档案备查。

挡土墙发生裂缝、断裂并且已停止发展时,可将缝隙凿毛,清除碎渣和杂物,然后用水泥砂浆堵塞。水泥混凝土或钢筋混凝土挡土墙的裂缝也可用环氧树脂黏合。挡土墙发生倾斜、鼓肚、滑动或下沉时,可选用下列加固措施:

(1)锚固法。适用于水泥混凝土或钢筋混凝土挡墙。采用高强度钢筋做锚杆,穿入预先钻好的孔内,用水泥砂浆灌满锚杆插入岩体部位,然后固定锚杆,待砂浆达到一定强度后,对锚杆进行张拉操作,然后用锚头固紧。

(2)套墙加固法。在原墙外侧加宽基础,加厚墙身。施工时,应挖出一部分墙后,然后填土,减小土压力,同时应注意新旧基础和墙身的接合。方法是凿毛旧基础和旧墙身,必要时设置钢筋、锚栓或石榫,以增强联结。墙后回填土必须分层填筑并夯实。

(3)增建支撑墙加固法。在挡墙外侧,每隔一定间距,增建支撑墙。支撑墙的基础埋置深度、尺寸和间距应通过计算确定。

(4)拆除重建。原挡土墙损坏严重,采用以上加固方法不能达到设计强度要求时,则应考虑将损坏部分拆除重建。为防止不均匀沉降,新旧挡土墙之间应设置沉降缝,并应注意新旧挡土墙接头协调。

挡土墙的泄水孔应保持畅通。如有堵塞,应及时疏通;如无法疏通,应另行选择适当位置增设泄水孔,或在墙后沿挡墙增加墙后排水设施。一般可增设盲沟将水引出路基之外,以防止墙后积水,引起土压力增加或冻胀。

挡土墙表面出现风化剥落时,应将风化表层凿除,喷涂水泥砂浆保护层。当风化剥落严重时,应将风化部分拆除并重砌。

锚杆式及加筋挡土墙应经常注意是否变形、倾斜或肋柱,以及挡板是否损坏、断裂。如有损坏,则应及时修理.加固或更换。对暴露的锚头、螺母、垫圈应定期涂刷防锈漆,同时应经常检查锚头螺母是否松动、脱落,如有松动、脱落,应及时紧固和补充。

浸水挡土墙除平时经常检查其有否损坏外,应在洪水前后详细观察、检查。汛前检查的目的是确定其作用、效果以及结构是否完整稳定,能否承受洪水的袭击,以便采取的防护、加固措施;汛后检查的目的是观察其是否损坏,如有损坏,应及时修理和加固。浸水挡土墙受洪水冲刷,出现基础被掏空但未危及挡土墙本身时,可采取抛石加固或用块(片)石将掏空部分塞实并灌浆的措施。当挡墙本身出现损坏,如松动、下沉、倒塌、开裂等,应按原样修复。

二、公路路基翻浆的防治

路基翻浆是指在地下水位高、排水不畅或土质不良、含水过多,造成路基湿软,强度下降,在行车作用下,路基出现弹软、裂缝、冒泥浆等翻浆现象。翻浆等级根据路面变形破坏程度分为三个等级:①轻:路面龟裂、潮湿、车辆行驶时有轻微弹簧;②中:大片裂纹、路面松散、局部鼓包、车辙较浅;③重:严重变形、翻浆冒泥、车辙很深。

(1)改善排水。

第一,保持路面、路肩的排水顺畅,边沟不积水。

第二,修补路面裂缝和坑槽,防止地表水渗入路基。

第三,在排水不畅路段增设边沟、排水渠等排水设施,确保地表水引至路基以外。

第四,在地下水丰富的路段设置盲沟或渗沟以降低地下水位,截流地下水潜流,使路基保持干燥。

(2)深挖换填。对于路基透水性不良,提高路基有困难时,可将路基上层一定范围内的软土或淤泥挖除,再回填以强度大、透水性好的砂砾土或炉渣等并碾压夯实。该方法适用于中、重度的翻浆病害。

(3)铺设透水性隔离层。在聚冰层之下人工铺设 10～20cm 的碎石垫层,上下反铺草皮,防止隔离层被淤塞。隔离层向路基两侧做 3% 的横坡水,将毛细水排至侧沟。该方法适用于中、重度的翻浆病害。

(4)铺设不透水性隔离层。在路基下部用经过沥青结合料处理的土做成厚 2～3cm 的不透水隔离层,或用不易老化的特别塑料薄膜铺在路基上,可做贯通式,或只做到路面边缘 50～80cm 处的不贯通式。该方法适用于中、重度的翻浆病害。

(5)改善路面结构层。挖除软土或淤泥后,铺设砂砾垫层、水泥稳定类或石灰稳定类基层,以增强路面的整体性和稳定性,提高路面的力学强度。

第六章　公路工程施工中路面的养护管理

第一节　公路工程路面日常养护管理

一、公路工程路面养护的总体要求

公路工程路面养护的总体要求具体如下：

（1）保持路面整洁平整，清理杂物、积雪积冰，做好路面排水。

（2）保持路面具有足够的强度和抗滑性能。

（3）加强路况巡查，发现病害及时进行维修、处置。

二、公路工程路面养护的工作内容

公路工程路面养护的工作内容主要如下：

（1）定期清扫路面，及时清除杂物、修补路面坑洞等，保障行车安全。

（2）填灌路面裂缝，适时更换水泥混凝土路面的接缝填料。

（3）及时挖除或修补沥青路面出现的拥包、波浪、车辙等。

（4）对不能处理的病害，及时上报。

三、公路工程路面养护的日常巡查

路面养护日常巡查的内容：路面是否清洁，有无落石等危及运行安全的杂物、污染物；水泥路面是否有淤泥、拱起、错台、板角断裂，填缝料老化等病害；沥青路面是否有龟网裂、波浪、拥包、坑槽、沉陷等病害。

日常巡查的要求：县道每周不少于一次，乡、村道每月不少于两次；特殊路段或遇有恶劣天气、重大节日活动等特殊情况应适当加大巡查频率。

日常巡查的处置:发现病害、缺陷的应及时修复;不能及时修复的,应及时上报上级管理机构处理。

四、公路工程路面养护的路面保洁

定期清扫路面,保持路面无砂土、石子、落叶、垃圾等杂物,以保持路面整洁;路面垃圾应集中拉运清除,不得堆放在边沟内或边坡上。

路面保洁分为人工保洁和机械保洁两种。人工清扫路面时养护人员必须穿反光背心,摆放安全警示标志,保证养护作业安全。

冬季由于雨雪天气造成路面或桥面结冰、积雪,要及时组织人员利用铁铲、扫帚或铲车等工具清理积雪,保证道路通行安全。

第二节 公路工程沥青路面的养护管理

"城市道路工程不仅关系着城市的基础公共设施建设,而且还可以在一定程度上有效地促进了经济和社会的健康发展。但是,目前我国城市道路在建设过程中仍存在一定问题,这影响着城市道路的使用寿命。因此,必须将养护技术继续应用于城市道路沥青路面养护工作中,这样能有效延长城市道路使用寿命,促进城市交通系统良好运行。"[①]

一、公路工程沥青路面的养护工作

(一)一般公路沥青路面养护工作

1.初期养护工作

(1)热拌沥青混合料路面的初期养护。

第一,摊铺、压实后的热拌沥青混合料路面,待摊铺层自然冷却,混合料表面温度低于50℃后方可开放交通。

第二,纵横向的施工接缝是沥青路面的薄弱环节,应加强初期养护,随

---

① 王亚龙.城市道路沥青路面养护技术应用研究[J].科技创新与应用,2021,11(16):78-79+82.

时用三米直尺查找暴露出来的轻微不平,铲高补低,经拉毛后,用混合料垫平、压实。

(2)沥青贯入式路面的初期养护。

第一,路面竣工后,开放交通时,行驶车辆限速在 15km/h 以下,根据表面成型情况,逐步提高到 20km/h。

第二,设专人指挥交通或设置临时路标,按先两边、后中间控制车辆易辙行驶,做到全面压实。

第三,应随时将行车驱散的嵌缝料回扫、扫匀、压实,以形成平整密实的上封层。当路面泛油后,要及时补撒与施工最后一层矿料相同的嵌缝料,同时控制车速行车碾压。

(3)沥青表面处治路面的初期养护。

第一,层铺法施工的沥青表面处治路面的初期养护与贯入式路面的要求基本相同。

第二,拌和法施工的沥青表面处治路面的初期养护与热拌沥青混合料的要求基本相同。

(4)乳化沥青路面的初期养护。乳化沥青路面的初期稳定性差,压实后的路面应做好初期养护,设专人管理,按实际破乳情况,封闭交通 2~6 个小时;在未破乳的路段上,严禁一切车辆、人、畜通过;开放交通初期,应控制车速不超过 20km/h,并不得制动和调头。路面有损坏时,应及时修补。

2.日常养护工作

(1)加强路况巡查,及时发现病害,研究分析病害产生的原因,并有针对性地、及时地对病害进行维修处理。

(2)路面清扫规定。具体如下:

第一,巡查过程中,发现路面上有杂物,需及时清扫,以保持路面清洁。

第二,沥青路面的日常清扫,应根据实际情况,采用机械或人工的方法进行清扫。

第三,沥青路面的清扫作业频率应根据路面污染程度、交通量的大小及其组成、气候和环境条件等因素而定,长隧道、大隧道内和桥梁上沥青路面的清扫频率应适当增加。

第四,为防止清扫路面时产生扬尘而污染环境、危及行车安全,机械清扫时宜配备洒水装置,并根据路面的扬尘程度确定适当的洒水量。

(3)严禁履带车和铁轮车在沥青路面上直接行驶,如必须行驶,则应采取相应措施。

(4)雨后路面有积水的地方要及时排除。

(5)排水设施的养护。在春融期,特别是汛前,应对排水设施进行全面检查并疏通。雨天必须上路巡查,及时排除堵塞并疏通水流,防止水流直接冲刷路基、路面及路肩。暴雨过后应重点检查,如有冲刷、损坏应及时修补。

(6)除雪防滑。

第一,当降雪影响正常通行时,应组织人员与机械清除路面积雪,对重要道路要争取地方政府组织沿线人员和设备除雪。

第二,在冬季降雪或下雨后,路面出现结冰时,应在桥面、陡坡、急弯、桥头引道撒铺一层防滑料。在环保允许情况下,也可撒布融雪材料(氯化钙、氧化钠等)。

3.季节性预防养护工作

沥青路面对气温比较敏感,应根据各地不同季节的气候特点和水、温度变化规律,按照"预防为主、防治结合"的原则,结合本地区成功经验,针对以下不同季节病害根源,因地制宜,采取有效的技术措施,做好预防性养护工作。

(1)春季。春季气温较暖,路基内的水分开始转移,是各种病害集中暴露的季节。养护中应抓住时机,及时防治路面病害。

第一,随着解冻,路基含水量较大的路段路基强度减弱,面层在行车作用下容易出现裂缝病害;含水量已达饱和且强度和稳定性差的路段,经车辆碾压容易出现翻浆。

第二,施工质量差的路面,在气温回升时容易变软,矿料经碾压产生松动,油层不稳定,容易出现拥包、波浪等。

第三,秋末冬初低温施工路段,随着温度上升,容易出现泛油。

第四,春融季节路面出现网裂后,如不及时处理,则容易发展为坑槽。

(2)夏季。夏季气候炎热,地面水分蒸发快,是沥青路面各种病害全面发展的季节。养护中要充分利用夏季气温高、操作方便的条件,及时消灭病害。

第一,新铺的沥青路面在高温作用下容易出现泛油。

第二,基层含水量较大或质量差的路段,路面在行车作用下容易发软、产生车辙。

第三,沥青用量过多,矿料过细或沥青黏度差的沥青路面容易出现拥包、波浪、发软等病害。

(3)秋季。秋季气温逐渐降低,且雨水较多,应及时处理病害,为冬季沥青路面的正常使用打下基础。

第一,秋季雨水较多,容易积水的路面,如果有裂缝和基层不密实的情况,则易出现坑槽。

第二,强度不够的路肩受雨水侵蚀或积水影响,在行车碾压下,易产生啃边。

第三,基层含水量较大、强度不够,或地基受水泡而发软的路段,路面稳定受到影响,在行车碾压下易出现网裂。

(4)冬季。冬季气候寒冷,路基路面冻结,是沥青路面比较稳定的季节,但是也要注意沥青路面的养护。

第一,路面在低温下发生不同方向的收缩,容易产生横向、纵向裂缝。

第二,积雪地区做好除雪防滑工作。

(二)高速公路沥青路面养护工作

1.巡查和检测

(1)高速公路沥青路面的日常养护,应坚持巡视检查制度,及时发现路面及其附属设施的损坏情况和可能影响交通的路障,以便养护部门及时、合理地安排维修和清理,尽快恢复路面正常使用状态。

第一,巡视检查分为日常巡查、定期巡查、特殊巡查和专项巡查,各类巡查的内容、频率、方法、装备按有关规定执行。

第二,巡查作业中,巡查人员应强化自身保护意识,按规定穿戴安全标志服。巡查车速一般控制在 40～50km/h,并按规定开启示警灯。如遇到需要停车检查的情况,应停在紧急停车带上。如必须停在行车道上时,应开启巡查车的危险报警闪光灯,并采取必要的安全措施,巡查人员应在巡查车的前方迅速完成检查或测量作业。

第三,巡查作业中,应由专人记录巡查情况,巡查结束后应尽快整理、汇总巡查记录,并通知有关部门采取相应的养护措施。

(2)路面的日常养护中,应注意采集信息、利用气象信息和交通信息等相关信息。

第一,每天记录当地的天气预报和实际天气情况。在多风、多雨、多雾、多雪、多冰冻季节,应随时注意天气的变化,必要时应与当地气象台(站)保持联系,随时获取最新气象信息,以便及时采取相应措施。

第二,按规定进行交通量调查。

(3)高速公路沥青路面应进行路面破损、强度、平整度和抗滑性能检测,以及必要的专项技术检测。

（4）各项巡视检查、专项调查和技术检测的结果，均应及时地进行整理和初步分析，并输入公路路面管理系统，由该系统每年对路面的技术状况和使用品质进行一次综合评价，作为制订下一年度养护工作计划的依据。当在各类巡查或专项检测中发现路面某一方面的技术状况和使用品质明显下降时，应及时通过该系统做出阶段性评价，以便及时地采取相应的养护对策。

（5）对修建于软土地基的高速公路沥青路面应定期进行路面高程测量。当桥头引道的不均匀沉降出现下列情况时，应及时予以修复。

第一，与桥台的连接部位沿桥台靠背产生错台，且最大高差达 2cm 以上。

第二，台后接近桥台部位的纵向坡度差超过 5％。

2.清扫和排水

（1）对尘土、落叶、杂物等造成的路面污染，应进行日常清扫，保持高速公路良好的运行环境。

第一，日常清扫应以机械作业为主，机械清扫沿路面右侧或左侧进行，并应尽量避免在中间行车道进行清扫作业及变换车道进行清扫作业。对清扫机械无法扫及的路面死角，应人工辅助清扫。

第二，日常清扫的作业频率应根据路面污染程度而定，一般为每日一次全程清扫，清扫时间应尽量避开车流量高峰时段。

第三，清扫机械必须配备洒水装置，机械清扫作业时，应根据路面的扬尘程度确定适当的洒水量。

第四，路面清扫后的垃圾不得随意倾倒，应运至指定地点或垃圾场妥善处理。

第五，桥面、隧道内沥青路面及收费广场的日常清扫作业按以上要求进行，但隧道内沥青路面及收费广场的清扫频率应适当加大。

（2）除定期的日常清扫作业外，还应根据路面污染的特殊情况，及时进行不定期的特殊清扫保洁作业。

第一，当发现路面上有妨碍正常交通的杂物时，应立即清除。

第二，当意外事件、事故等因素造成路面污染时，应及时清扫。

第三，当沥青路面被油类物质或化学物品污染时，应先撒砂、撒木屑或用化学中和剂处理，然后进行清扫，必要时再用水冲洗干净。

（3）高速公路沥青路面应保持排水畅通，路面无积水。

第一,对中央分隔带集水井、横向排水管、路侧拦水缘石及泄水槽、桥面泄水孔等路面排水系统,应经常进行清理和疏通,发现损坏部位应及时修复。

第二,应经常检查沥青路面的排水情况,检查时间一般以在雨间或雨后1～2个小时为宜。发现路面明显积水的部位,应分析原因,分别采取不同措施:①对虽未破损,但造成雨后明显积水的行车道路面局部沉陷部位,应及时清扫并予以整平;②对设置有路侧拦水带及泄水槽的路段,如因拦水带开口及泄水通道的位置不妥而造成路面积水时,应及时调整;③对因横坡不适而造成积水的路段,应采取临时措施,尽量减少行车道部位的积水,并在罩面及翻修工程中彻底调整解决。

第三,在雨季到来之前,应对全部路面排水系统及路堤边沟、涵管、泵站、集水井、沉淀池等所有排水设施进行全面检查和疏通,修复损坏部位,处理水毁隐患,清除路肩和边坡高草,确保雨季排水畅通。同时,应加强雨季排水能力,及时处理路面水毁部位,减轻水害损失。

3.排障和清理

(1)为及时处理并尽量减轻因不可抗拒因素和突发事件所造成的损害,高速公路管理机构应建立完善的应急抢险机制,全天候不间断地值班,随时掌握、分析各类有关信息,做好各种应急抢险准备工作,一旦发生险情,要快速做出反应,指挥应急抢险工作。

(2)根据实际需要配置必要的排障、抢险、救援设备和可靠的通讯指挥设施,对排障、抢险、救援人员应进行专门的业务培训,并预先制订排障、抢险、救援作业程序。一旦出现妨碍正常交通、危及行车安全的路面险情和障碍物,应急抢险指挥中心应立即组织人员、设备,按作业程序进行排障、抢险、救援工作,迅速排除路障和路面险情,恢复正常交通。必要时可请求当地政府和当地驻军支援。

(3)排障作业结束后,应按有关规定,尽快清理现场,发现路面及附属设施受到损害时,应尽快修复。

4.除雪和防冻

(1)严寒地区的除雪和防冻是路面冬季养护的重点,应根据当地历年气象记录资料、气象预测资料、路面结构、沿线条件等,事先制订切合实际情况的除雪和防冻工作计划,制订适用于各种不同的气温、降雪量和积雪深度条件下的除雪和防冻作业规程,落实相应的除雪、防冻作业人员和机具设备,并按实际需要储备防冻、防滑材料。

在严寒降雪季节到来后,应随时监测气象变化情况,一旦降温、降雪,立即按计划部署相应的除雪和防冻作业,特别要注意桥面、坡道、弯道、匝道、收费广场等重点区段,尽量减轻积雪和冰冻对行车安全造成的危害,缩短影响正常交通的时间。

(2)路面除雪应以机械作业为主、人工作业为辅。在降雪过程中,当路面积雪厚度超过 1cm 时,即可开始除雪作业。一般以铲为主,除雪机械的作业方向宜与正常行车方向相同,行驶速度为 30～50km/h,且从路面左侧向右侧依次进行。当降雪量较大、难以在降雪过程中清除全部积雪时,应在雪停后及时清除路面全部积雪。

(3)当路面上的压实雪、融化的雪水、未及时排除的雨水可能形成冰冻层时,应及时采取防冻、防滑措施。当气温低于 0℃时,在大、中型桥面、桥头引道纵坡大于 2.5％的路段或平面曲线半径小于 500m 的匝道范围内,应撒布盐、盐水、盐砂混合料或其他融雪剂等防冻防滑材料。撒布的时间和频率宜与除雪作业同步。待雪停后,应将残留在路面上的防冻防滑材料与积雪一并清除干净。

(4)除雪和防冻作业应不分昼夜快速进行,作业现场必须实行统一指挥,并落实与作业形式相适应的安全作业措施和交通控制措施。

二、公路工程沥青路面的养护技术

(一)沥青路面罩面维修技术

1.沥青路面罩面的基本类型

沥青路面罩面按其使用功能划分为:普通型罩面(简称罩面)、防水型罩面(简称封层)和抗滑层罩面(简称抗滑层)三种。

2.沥青路面罩面的适用范围

(1)罩面主要适用于消除破损、完全或部分恢复原有路面平整度、改善路面性能的修复工作。

(2)封层主要适用于提高原有路面的防水性能、平整度和抗滑性能的修复工作。

(3)抗滑层主要适用于提高路面抗滑能力的修复工作。

3.沥青路面罩面的材料要求

(1)罩面。

第一,罩面的结合料宜使用性能较好的黏稠型道路石油沥青、乳化石油沥青、改性乳化沥青、改性沥青。

第二,矿料的选择宜采用耐磨、强度高的石料。

第三,高速公路、一级公路宜采用中粒式、细粒式密级配沥青混凝土或沥青玛蹄脂结构。二级或二级以下公路可采用热拌沥青碎石混合料结构。三级或三级以下公路可采用沥青表面处治层结构。

第四,所采用的结合料、矿料、沥青混合料的规格和各项技术指标要求符合有关规定。

(2)封层。

第一,封层的结合料宜采用乳化石油沥青、改性乳化石油沥青。

第二,矿料宜选用耐磨、强度高的石料。

第三,各种结合料、矿料、填料及乳化沥青混合料的各项技术指标要求应符合有关规定。

第四,高速公路、一级公路可采用沥青稀浆封层养护,但宜使用粗粒式改性乳化沥青混合料。其他等级公路可采用乳化沥青混合料。

(3)抗滑层。

第一,抗滑层应选用适合铺筑抗滑表层的材料和沥青混合料。

第二,高速公路、一级公路宜选用重交通道路石油沥青、改性石油沥青、改性乳化石油沥青作为结合料。

第三,应选用抗滑、耐磨的石料,磨光值应大于42。

第四,所用的各种材料和沥青混合料的技术指标要求应依据有关对抗滑表层方面的要求执行。

4.沥青路面罩面的厚度要求

(1)罩面。罩面厚度应根据所在路段的交通量、公路等级、路面状况、使用功能等综合考虑确定。

第一,当路面状况指数、行驶质量指数在中、良等级,路面仅有轻度网裂时,可采用较薄的罩面层厚 1.0～3.0cm。

第二,当路面破损、平整度、抗滑三项指标都在中等以下,又要求恢复到优、良等级时,应采用较厚的罩面层厚 3.0～5.0cm。

第三,高速公路、一级公路罩面宜采用 4.0～5.0cm 的厚度,其他公路可采用较薄的罩面层厚度(1.0~4.0cm)。

第四,各级公路的罩面层厚度不得小于最小施工层厚度。

(2)封层。

第一,交通量较大、重型车较多的路段宜采用厚约 1.0cm 封层。

第二,中等交通量路段宜采用厚约 0.7cm 封层。

第三,交通量小、重型车少的路段宜采用厚约 0.3cm 封层。

(3)抗滑层。

第一,用于高速公路、一级公路时宜采用不小于 4.0cm 的厚度。

第二,用于二级公路时宜采用中粒、细粒式沥青混凝土结构,也可采用热拌沥青碎石或沥青表面处治结构,厚度不得小于最小施工层厚度。

第三,用于三、四级公路时,可采用乳化沥青封层结构,厚度可为 0.5~1.0cm。

5.沥青路面罩面的施工要求

沥青路面罩面的施工,除应按有关规定执行外,还应按下列要求进行:

(1)对确定罩面的路段,在罩面前必须完成翻浆、坑槽、严重裂缝、沉陷、拥包、松散、车辙等病害的修复工作,并清除路面上的泥土杂物。

(2)根据施工气温、旧沥青路面状况等因素采取相应施工工艺措施,罩面前必须喷洒黏层沥青,以确保新老沥青层结合,沥青用量为 $0.3 \sim 0.5 \mathrm{kg/m^2}$,裂缝及老化严重时,沥青用量宜为 $0.5 \sim 0.7 \mathrm{kg/m^2}$,有条件时,喷洒黏层沥青前,最好用机械打毛处理。

(3)罩面不应铺在逐年加厚的软沥青层上,也不应铺在和原沥青路面结合不好、即将脱皮的沥青罩面薄层上,应将其铲除、整平后,再进行罩面。

(4)当气温低于 10℃ 或路面潮湿时,不得浇洒黏层沥青,不得摊铺沥青罩面层。

(二)沥青路面补强与加宽技术

1.沥青路面补强设计

(1)在现有公路等级不变的情况下,沥青路面因损坏严重、强度系数(SSI)不符合要求时,应补强路面;同时,补强也适用于因公路等级提高而进行的改建工程。补强应符合下列一般要求:

第一,对原有沥青路面必须做全面的技术调查和方案比较。

第二,补强设计应综合考虑由补强厚度导致的纵坡与横坡的调整,以及与路面结构物的连接等方面的相互协调,使纵坡线形符合相关要求。若线形不符合规定,则应改建线形,再进行补强设计。

第三,补强设计应考虑补强结构层与原路面结构的连接问题。

(2)沥青路面补强层材料的类型及结构形式的选择。

第一,沥青路面补强层材料类型按相关规定进行选取。

第二,路面补强结构形式的选择规范包括:①对高速公路、一级公路和二级公路的补强,宜采用半刚性基层加沥青混合料面层的结构形式;②对三级公路的补强,在不提高公路等级的情况下,可采用单层或多层补强结构,在提高公路等级的情况下,宜采用半刚性基层加沥青混合料面层的补强结构形式;③对四级公路的补强,可采用单层或多层的补强形式。

(3)原有公路的技术调查。

第一,调查原有公路路况,如路面的破损及病害的情况和程度,路面排水(积水)状况、积雪(沙)等状况,路肩采取的加固措施等。

第二,调查原有路面设计、施工、养护的技术资料及从使用开始至改建的年限、使用效果等。

第三,调查年平均双向日交通量、交通组成和交通量增长率等。

第四,调查路基和路面的宽度、路线纵坡、路面横坡、平曲线半径等;每500m 为一断面,测定其原有路面结构层的厚度、各层材料的回弹模量及路基干湿类型,如路面宽度大于等于 7m,则每个断面选两个点,不足 7m 选一个点;对沥青面层、基层和底基层材料,应按层取样试验、判断其结构层或材料是否还可以利用。

(4)对原有公路的处理。

第一,原有公路路拱不符合规定时,应结合补强设计,对路拱进行调整,使其符合规定。

第二,对原路面的病害,应视其层位、严重程度和范围,按有关规定进行处理。若面层有病害,可直接处理后进行补强;若基层有病害,应先开挖面层,对基层进行处理后,再进行补强。

(5)与桥涵的衔接。路面补强路段内若有桥涵等构造物,则在补强前应对其铺装层进行检查。若原有铺装层出现破损,则应及时修复。若原有铺装层完好,则可在桥涵构造物的承载能力范围内,适当加铺新的铺装层。

为保证路面与桥涵顶面的纵坡顺适,应综合考虑和重新设计路线纵坡。路面的补强可从桥涵两侧的搭板外开始设计和施工,衔接点即为搭板两侧的端点,以衔接点的标高作为控制标高。对无搭板的情况,衔接点应设在桥涵台背两端外 10m 处。设计时要注意路面与桥涵构造物的衔接,应保证路线纵坡顺适。对衔接点处路面补强结构的施工,可视设计标高的情况向下开挖原有路面结构层,以重新铺筑补强结构层。

(6)补强设计中,补强层材料设计参数的选择按新建路面材料设计参数的选择方法进行,原有路面的整体强度以当量回弹模量表示。补强设计步骤、路面的分段和各路段的弯沉值的计算、原有路面当量回弹模量及补强厚度的计算应参照有关规定进行。

2.沥青路面补强施工

沥青路面补强应做好下列工作:

(1)原有路面技术状况不良时,应按下列要求处理:

第一,平整度或路面横坡不符合规定要求时,应加铺整平层,或在加铺补强层的同时找平或调整路面横坡。对三、四级公路,必要时可将原路面翻松 6~8cm,重新整形后调整。

第二,对原有路面出现的各种病害,应根据产生的原因采取有效的处理措施后,再铺筑路面基层。

第三,排水不良路段,应采取加深边沟、设置盲沟和渗井或设隔水层等措施进行处理。

(2)采取浇洒透层油或黏层油等措施使新旧结构层连接良好,并保证结构层满足最小厚度的要求。

(3)为使路面边缘坚实稳定,基层应比面层宽出 20~25cm 或埋设路缘石。路肩过窄路段,应先加宽路基至标准宽度,或采用护肩石的方法,再加宽基层。

(4)用砂石作为沥青路面的基层时,在干燥地带可适量掺入粗骨料(应按旧路面的细料含量而定);在中湿、潮湿地带宜将基层翻松,再掺入适量的石灰碾压密实,并做好排水设施。

(5)挖除面层或基层时,应尽量做到再生利用,旧料应按再生利用的要求分类收集和存储。

3.沥青路面加宽设计

(1)沥青路面加宽的基本要求。

1)沥青路面加宽方案应根据原有公路的等级、线形及交通量等确定。如原有公路线形不需要改善,且路基较宽,加宽后路肩宽度符合相关标准时,可在原公路的基础上直接加宽;如原有公路因线形较差而需要改善,设计时应尽可能利用原有的沥青路面,在原有基础上先加宽路基,再加宽路面。

2)若路面的横断面为整体断面形式,则加宽的沥青路面宜采用压实性、水稳性均较好的材料作为基层,结构宜与原有沥青路面相近,加宽部分的基层强度应不低于原有沥青路面的基层强度。若加宽部分的路面横断面形式为分离式,则加宽部分所用的结构和材料可不同于原路面,对加宽部分按新建路面进行调查、设计,加宽部分的路基强度和稳定性及路面厚度应按规定计算确定。

3)路面加宽前,应对原有路面做全面的调查。

4)加宽时,必须处理好新路面与原路面的纵横向衔接。对软土地基高路堤加宽时,还应对新路基进行加固处理,待固结沉降稳定后方可进行加宽施工,避免因加宽路面出现非均匀沉降。

5)若路基加宽宽度小于 1m 时,加宽的路面或基层压实质量不好控制,则宜采用单侧加宽的方式;单侧加宽也包括因线性约束只能在一侧进行加宽的处理情况。单侧加宽时,必须调整原有路面的路拱横坡。

6)加宽路面处于路线平曲线处,均应按规定根据需要设置相应的超高和加宽,如原来未设置的,也应结合加宽设计补设。

7)加宽以后的路基应保证原有路面排水系统的完善,必要时还要对原有路面的排水系统进行重新设计和施工。

(2)沥青路面基层的加宽。基层加宽前应对原有路面进行详细调查和测定,调查和测定的方法可参照相关规定执行。设计时应注意以下方面:

1)基层加宽部分的处理:加宽部分应按新路基设计,即将原路面分段实测后计算弯沉值 L_0 作为加宽部分的设计弯沉值;根据调查测验的土质和路基干湿类型确定土基的回弹模量 E_0;依据不同材料的模量按新建路面的设计方法设计加宽部分的基层厚度,使其强度不低于原有路面的整体强度。

2)计算路面基层厚度时,依据已定设计弯沉值进行计算。

3)砂石路面作为路面基层时,如其强度和水稳性不足,应进行补强设计。中湿、潮湿路段,应铲除砂石磨耗层,对原有路面的病害或与损应采取措施进行处理。

(3)沥青路面双侧加宽。

1)双侧加宽前,对原有路面的调查和测定要求按规定执行。

2)如原有路面路基较宽,路面加宽后路肩宽度符合相关规定时,可直接加宽;如路基较窄、不具备加宽路面条件的路段,应先加宽路基。

3)路面双侧加宽宜采用两侧相等的加宽方式。

（4）沥青路面单侧加宽。沥青路面单侧加宽前,对原有路面的调查和测定要求按规定执行。受线形和地形条件限制必须采用单侧加宽时,可进行加宽设计,加宽一侧须设置调拱层。调拱层应使所用材料的要求满足一定的厚度规定,以免在加宽面层和旧面层之间形成薄夹层,同时要注意三角调拱层与上下路面结构层的连接。

（三）沥青路面再生技术

沥青路面再生技术是将需要翻修或者废弃的旧沥青路面,经过翻挖回收、破碎、筛分,再和新集料、新沥青材料适当配合,重新拌和,形成具有一定路用性能的再生沥青混合料,用于铺筑路面中、下面层或路面基层的整套工艺技术。

再生沥青混合料的拌制一般分为热拌和冷拌两种。热拌再生沥青混合料是旧料、新矿料、再生剂与新沥青在热态下拌和而成;冷拌再生沥青混合料是旧料、新矿料、再生剂与乳化沥青在常温下拌和而成。热拌再生沥青混合料强度高、路用性能良好,冷拌再生沥青混合料成型期较长、强度相对较低。

1.热拌再生沥青混合料

（1）热再生适用性。热拌再生沥青混合料一般适用于翻修养护工程,可用于一级、二级、三级公路的中、下面层,以及四级公路的面层。对热拌再生沥青混合料使用于一级、二级和三级公路的上面层及高速公路中、下面层,必须经试验、总结、评定合格后才能使用。

（2）热再生施工工艺。

1)旧料是沥青路面翻修时所得的面层材料。翻挖路面时可采用机械、人工或两种方式联合进行作业,其质量应符合以下要求:

第一,旧料必须洁净,不得混入有机垃圾,混入无沥青黏结的砂石料的比例不得大于10%、含泥量不得大于1%。

第二,块状旧料可采用机械轧碎或人工敲碎。

第三,破碎后的旧料最大粒径按用途确定。用于粗粒式再生沥青混合料时,最大粒径为26.5mm 或31.5mm（方孔筛）;用于中粒式再生沥青混合料时,最大粒径为16mm 或19mm（方孔筛）;用于细粒式再生沥青混合料时,最大粒径为9.5mm 或13.2mm（方孔筛）。

第四,破碎后的旧料应按质量分类堆放在平整、坚实和排水良好的场地。堆放高度以不结块为度，一般小于 1.5m。

2）根据地区使用条件和公路等级与旧沥青性能，可在旧料中掺入适用的再生剂。适用的再生剂有机油、润滑油、抽出油和玉米油。再生剂的性能和储放应符合下列要求：

第一，应具有较强的渗透和软化能力，以降低旧沥青枯度，达到要求的针入度。

第二，能与旧沥青互溶，使之和新沥青均匀地混合成一体。

第三，能调节旧沥青的成分，达到路用沥青的质量要求，有较好的抗老化性能。

第四，再生剂应储存在有盖的容器中，防止水和垃圾等杂质混入。储存和使用必须满足防火要求。

3）用于再生沥青混合料的新沥青和乳化沥青的类型及标号，可根据公路等级、用途和当地气候条件选定，它的质量应符合规定。

4）用于再生沥青混合料的粗、细集料应具有足够强度，且与沥青黏附性良好，并无风化和杂质，颗粒形状接近立方体，其他质量要求应符合规定。

5）热拌再生沥青混合料配合比应按下列步骤进行设计：

第一，旧料分析与新旧沥青掺配。主要包括：①将破碎后的旧料按规定的方法做抽提分析，计算旧沥青含量和旧矿料的颗粒组成；②对被抽提出来的旧沥青溶液，按规定的方法回收旧沥青，测定旧沥青的针入度、延度和软化点；③当旧沥青老化严重、针入度较小时，需掺入再生剂，掺量以达到本地区要求的沥青稠度为准；④将含有再生剂的旧沥青掺入符合质量要求的新沥青，测定针入度、延度和软化点等质量指标；⑤按沥青材料质量的技术要求，确定新、旧沥青掺配比例。如经反复试验和调整后，新、旧沥青掺配比例仍达不到质量要求时，该旧沥青不能用于再生沥青。

第二，确定新、旧沥青掺配的比例，选定新矿料与旧料的配合比，并根据新矿料的颗粒组成，计算新矿料的用量。

第三，对破碎的旧料，要用先确定的再生剂用量进行喷洒拌和后与确定的再生沥青混合料级配，并根据本地区经验初定混合料的沥青用量，扣除旧料的旧沥青含量后作为新沥青用量的中值，每次增减 0.5% 新沥青用量制备混合料试件并进行马歇尔试验，根据试验结果确定再生沥青混合料的最佳沥青用量。在路面铺筑过程中，如材料发生变化，抽检的马歇尔试验结果未达到技术标准时，应调整新、旧料比例或新沥青用量。

6）热拌再生沥青碎石的沥青用量可根据本地区经验或通过试验来确

定;冷拌再生沥青混合料的级配和乳化沥青用量可按乳化沥青路面实践经验确定。

7)热拌再生沥青混合料可采用间歇式拌和机或连续式拌和机拌制,应按下列工艺进行拌和:

第一,当旧沥青混合料需要掺入再生剂时,应先将破碎后的旧料按用量喷洒并拌和均匀,堆放时以再生剂充分渗透到旧沥青为度,堆放高度不宜超过 1.5m,避免结块。

第二,当采用间歇式拌和机拌制时,新集料加热温度应高于普通沥青混合料的集料加热温度,但不宜超过 230℃。旧料不得进入烘干筒,按配合比设计用量经计量后直接进入拌缸,与新集料相混合,通过热交换使旧集料升温、旧沥青热融。干拌 5s 左右后,加入新沥青再拌和 30~45s,拌和时间以新、旧料混合均匀及混合料颜色均匀、无花白为准。再生沥青混合料出厂温度为 140~160℃。

第三,当采用连续式拌和机拌和时,必须避免旧料被明火烧焦。宜在筒体中部进料口输入旧料,并设置挡板遮挡火焰;如旧料与新集料在筒体始端同一料口输入筒体时,则可先对旧料喷洒适量水分,旧料总含水量不宜超过3%。拌和后的再生沥青混合料色泽应均匀一致,出厂温度为 140~160℃。

2.冷拌再生沥青混合料

冷拌再生沥青混合料一般适用于翻修养护的四级公路路面。冷拌再生沥青混合料宜采用机械拌和。若受条件限制时,也可采用人工拌和。

再生沥青混合料的运输、施工和质量管理等技术要求应符合现行规定。

(四)沥青微表处技术

微表处是功能最完善的道路养护方法之一,它是一种采用高分子聚合物使乳化沥青改性的铺筑技术,对出现在城市干道、高速公路和机场道路上的各种病害的修复最为有效。通过对沥青路面微表处技术的学习,学生应掌握沥青路面微表处施工技术。

1.微表处技术的应用特点

(1)施工速度快。连续式稀浆封层机 1 天之内能摊铺 500 吨微表处混合料,折合为一条 10.6km 长的标准车道,摊铺宽度最小可达 9.5m,施工后1 个小时即可通车,适用于大交通量的高速公路及城市干道。

(2)微表处可提高路面的防滑能力,增加路面色彩对比度,改善路面性能,延长路面使用寿命。

(3)成型快、工期短、施工季节长,可以夜间作业,尤其适于交通繁忙的公路、街道和机场道路的铺设。

(4)常温条件下作业,可降低能耗,不释放有毒物质,符合环保要求。

(5)在面层不发生塑性变形的条件下,可修复深达 38mm 的车辙而无须碾压。

(6)因为微表处很薄,所以在城市主干道和立交桥上应用时不会影响排水,用于桥面也不会增加多少重量。

(7)在机场,密级配的微表处能作为防滑面而不会产生破坏飞机发动机的散石。

(8)由于它能填补厚达 38mm 的车辙,十分稳定且不产生塑性变形,所以它是不用剖铣机解决车辙问题的独特方法。

微表处技术弥补了普通稀浆封层和热拌沥青混凝土摊铺各自存在的缺陷,确切地说,微表处是一种完善的道路养护方法。

2. 微表处技术的基本要点

(1)施工设备和基本要求。

1)比较准确的计量仪器。由于微表处施工时对各种物料的配比要求较严,所以要有准确的计量。

2)双轴强制式搅拌箱。因为要达到微表处施工,混合料搅拌时间不能过长,但又必须在短时间内搅拌均匀,因而传统的螺旋式搅拌箱就不能满足要求。

3)特殊设计的填补车辙的摊铺箱。它能将粒料的最大部分送到车辙的深处,从而稳定性最好,其边缘能自动变薄铺开。

4)添加剂系统。这样就能方便把缓凝剂或促凝剂加入混合料中。

5)在施工之前,每台封层机都要进行标定。在标定已经完成并且合格后,封层机才能投入使用。

(2)施工基本要点。

1)施工前路面清扫。

第一,在进行微表处施工前,必须把路面上所遗留的材料、泥土、杂草和其他有害东西全部都清理干净。如果使用水冲洗路面,则要使所有的路面裂缝完全干燥后,才能进行微表处施工。

第二,一般不要求喷洒黏层油,对于路面光滑、松散以及水泥路面,可以采用喷洒黏层油的方法。

2）施工基本要点。

第一，使用搅拌箱前的喷水管要预先湿润路面，喷水量可根据施工当天的气温、湿度、表面纹理和干燥情况进行调节。

第二，封层机启动前，摊铺箱中必须有一定量的混合料，而且稠度适当、分布均匀，封层机才能匀速前进。

第三，在已完成的微表处路面上，不得存在由超大集料所引起的拖痕，如出现拖痕，应立即采取措施处理。

第四，纵向或横向接缝不允许出现接缝补平、局部漏铺或过厚的现象，纵向接缝尽可能设置在车道标线上，要尽可能减少纵向接缝。

第五，在拌和与摊铺过程中，混合料不得出现水分过多和离析现象，任何情况下都不能在摊铺过程中直接向摊铺箱内注水。

第六，在摊铺箱不能到达的地方，必须采用人工施工，通过人工用橡胶碾压封层达到均匀和平整的目的。

第七，固化成型前禁止一切车辆驶入，行人不得踏入，严格管制交通。

第三节　公路工程水泥混凝土路面的养护管理

一、公路工程水泥混凝土路面的养护工作

（一）水泥混凝土路面养护的主要目的

水泥混凝土路面养护的主要目的如下：

（1）通过日常保养，及时发现并修复损坏部分，使路面及其附属设施的各部分均保持完善、整洁、美观。

（2）保持路况良好，使路面具有良好的使用性能，路面各项性能指标均符合要求，以保障行车安全、舒适、畅通。

（3）及时采取合理的工程技术措施，通过周期性养护，以提高路面的使用质量，延长路面的使用寿命。

（二）水泥混凝土路面养护的工作内容

水泥混凝土路面养护是通过对路面各部分的日常检查、雨季前后检查、

恶劣气候和灾害情况下的应急检查及定期检查,发现路面存在的病害及可能引起路面出现病害的因素,应采取正确有效的预防、抢修、维修及加固措施,保证路面处于良好的技术状态和使用状态。水泥混凝土路面养护的工作内容包括以下方面:

(1)经常清扫行车道和硬路肩上的泥土和杂物,当设有中间带、变速车道、爬坡车道、应急停车带时,其上的泥土应清扫干净。

(2)路面各种接缝材料出现缺损和溢出时应及时填补和清除,并防止泥土、砂石及其他杂物挤压进入接缝内,影响混凝土路面板的正常伸缩。

(3)经常检查和疏通路基路面排水设施,防止积水,以保护路面不受地面水和地下水的损害。

(4)及时清洗和恢复路面各种标线、导向箭头和文字标记,保持各种标线、标记完整无缺、清晰醒目。保持辅助和加强标线作用的突起路标无损坏、松动或缺失,并保持其反射性能。

(5)及时浇灌、剪修路肩外和中央分隔带内种植的乔木、绿篱和花草,以保持路容美观、整齐,及时防治病虫害,及时补植或更新空缺或老化的绿化植物,及时处理影响视距和路面稳定的绿化栽植。

(6)对路面、路肩和路缘石等的局部损坏应查清原因,采用合适的材料并采取相应的措施进行修复,以保持路面具有各级公路所要求的使用状态和服务水平。

(7)对路面的较大损坏,根据路面检查评定结果确定养护对策,安排大修、中修和专项工程进行维修和整治;局部路段路面损坏严重的应予以翻修,以达到设计标准;整个路段平整度、抗滑能力不足的,可以采取罩面处理,并铺筑加铺层,以恢复其表面功能;整个路段路面接缝填缝料失效的,应全面更换。

(8)对承载能力不足和不适应交通发展要求的路面,可根据不同情况进行加铺、加宽,以提高其承载能力和通行能力。

(三)水泥混凝土路面养护的一般要求

(1)水泥混凝土路面的特点是在养护良好的条件下,使用年限比其他路面长,如果一旦发生破坏、破损,就会迅速发展。因此,必须加强预防性、经常性养护,养护工作必须贯彻"预防为主、防治结合"的方针。根据路面实际情况和具体条件,以及水文、地质、气候、交通和公路等级等情况,采取预防性、经常性的保养和相应修补,对较大范围的路面修理,应安排大修、中修或专项工程进行维修和整治,使路面处于良好的技术状态。

（2）保持对路面的经常性巡视和观察,及早发现缺陷,查清原因,不失时机地采取适当的措施,以保持路面状况的完好。

（3）水泥混凝土路面在使用过程中,必须对其使用质量进行定期的调查评价,有计划地进行修理和改善,以保持良好的服务状况。

（4）水泥混凝土路面养护应以机械养护为主,并积极采用新技术、新材料、新工艺,以提高养护质量。

（5）水泥混凝土路面养护必须贯彻安全生产的方针,其安全技术、劳动保护等必须符合有关规定,做到安全生产、文明施工、保护环境。

（四）水泥混凝土路面的日常性养护

1.水泥混凝土路面日常性养护要求

（1）根据水泥混凝土路面日常养护工作的需要,制订日常养护工作计划,道路养管部门应编制月、季和年度养护计划,建立日常巡查制度,及时准确地掌握路面状况等信息,有计划、有针对性地安排养护项目。

（2）水泥混凝土路面日常养护应做好预防性、经常性养护,通过经常的巡视检查,及时发现缺陷,查清原因,采取适当措施,清除障碍物,保持路面状况良好。

（3）水泥混凝土路面的养护质量应达到有关规范和标准规定的养护质量。

（4）养护作业应严格按照有关技术规范和标准执行。高速公路应采取机械化养护作业方式,迅速、优质、高效地处理各类路面损害和障碍,以确保运行质量。

（5）树立高度的服务意识和安全意识,保证养护作业的安全,在路面养护作业中,应满足正常行车的需要,尽量避免完全封闭交通。

（6）不断探索和应用新材料、新设备、新技术、新工艺,以提高养护作业的时效性、机动性、安全性和可靠性。

2.水泥混凝土路面日常性养护作业

（1）基础养护。

1）强调预防性和经常性的水泥混凝土路面日常养护,通过经常的巡视检查,及早发现缺陷,查清原因,采取适当措施,清除障碍物,保持路面状况良好。

2)清扫保洁。

第一,水泥混凝土路面必须定期清扫泥土和污物,与其他不同类型路面平面连接处及平面交道口应勤加清扫,路面上出现的小石块等坚硬物应予以清除,中央分隔带内的杂物应定期清除,以保持路容整洁。

第二,路面清扫频率应根据公路状况、交通量大小及其组成、环境条件等确定。路面清扫宜采用机械作业,机械清扫留下的死角,应采用人工清除干净。采用机械清扫时应根据作业路段、面积和作业要求拟定行驶路线,以保证机械的使用频率。交通量小的二级或二级以下水泥混凝土路面可采用人工进行日常清扫,清扫前应准备好工具,作业人员应着安全标志服,清扫时应面向来车,并避让行车以保证行车安全。

第三,路面清扫时,应尽量减少清扫作业产生的灰尘,以免污染环境、危及行车安全。清扫作业宜避开交通量高峰时段进行。

第四,路面清扫后的垃圾应运至指定地点进行处理,不得随意倾倒。

第五,当路面被油类物质或化学药品污染时,应清洗干净,必要时用中和剂或其他材料处理后再用水冲洗。

第六,交通标志标牌、示警桩、轮廓标以及防撞栏等交通安全设施应定期擦拭,交通标志及标线受到污染后应及时清扫(洗),保持整洁、醒目。

第七,保持交通标志标牌、标线、示警桩、轮廓标的完整,如果发生局部脱落、破损时应采用原材料进行修复或更换。

3)接缝保养。接缝养护的质量直接影响水泥混凝土路面的使用周期和使用功能,接缝的失养可能导致水泥混凝土路面板块出现唧泥、脱空、冻胀、错台等病害,因此应对接缝进行适时的保养,以保持接缝完好,表面平顺。

第一,防止硬质杂物落入接缝缝隙内,妨碍混凝土板块伸长,从而造成接缝破坏。

第二,保持接缝填料完好,防止雨水浸入接缝缝隙内软化路基,从而导致混凝土板块损坏。

第三,保持填缝料饱满、密实、黏结牢固,从而保证接缝完好、表面平整、不渗水。当气温上升造成水泥混凝土板伸长、填缝料挤出并高出路面,高速公路、一级公路超出 3mm,其他等级公路超过 5mm 时,应铲平。当气温下降造成水泥混凝土板收缩、接缝扩大有空隙时,应选择当地气温较低时灌注同样的填缝料,以防止泥、砂挤进接缝或雨水渗入接缝。

4)填缝料的更换。

第一,填缝料的更换是一项经常性的养护工作,填缝料局部脱落时应进行灌缝填补;填缝料脱落缺失大于三分之一缝长或填缝料老化、接缝渗水严重时,应立即更换整条接缝的填缝料。

第二,填缝料更换的周期主要取决于填缝料自身的寿命与施工质量以及路面条件。填缝料的更换周期一般为2~3年。

第三,填缝料技术应符合技术规范的规定。

第四,填缝料的更换应做到饱满、密实、黏结牢固。清缝、灌缝宜使用专用机具。更换填缝料前,应将原填缝料及掉入缝槽内的砂石杂物清除干净,并保持缝槽干燥、清洁。填缝料灌注深度宜为3~4cm。当缝深过大时,缝的下部可填充多孔柔性垫底材料或泡沫塑料支撑条。填缝料的灌注高度夏天宜与面板平,冬天宜稍低于面板2mm。多余的填缝料和溅到面板上的填缝料应予以清除。填缝料更换宜选在春秋两季,或宜在当地年气温居中且较干燥的季节进行。

5)排水设施养护。水泥混凝土路面、路肩、中央分隔带、边沟、边坡、截水沟、排水沟、挡土墙等组成路面排水系统。水泥混凝土路面若排水不畅,水渗入路面基层及路基后,会软化路面基层及路基,使混凝土板块破坏。此外,水泥混凝土路面积水形成水膜影响行车安全,所以必须对其进行妥善的日常维护,以保持系统的排水功能。当排水系统整体功能不能满足要求时,应通过改善或改建工程进行完善提高。路面排水系统的要求如下:

第一,对路面排水设施,应采取经常性的巡查并与重点检查相结合的检查措施,发现损坏应及时安排修复,发现堵塞必须立即疏通,路段积水应及时排出。

第二,应坚持雨前、雨中、雨后上路检查制度。雨天应重点检查超高路段的中央分隔带纵向排水沟、横向排水管、雨水井、集水井等排水状况,出现堵塞、积水应及时排出。

第三,排水构造物及路肩修复宜采用与原构造物相同的材料。

第四,保持路面横坡及路面平整度。当快车道是水泥混凝土路面、慢车道或非机动车道是沥青路面时,应保持沥青路面横坡大于水泥混凝土路面横坡。

第五,保持路肩横坡大于路面横坡,路肩横坡应顺适,并及时修复路肩缺口。

第六,路面板块裂缝应按规定要求进行缝隙封闭。

第七,路面接缝、路肩接缝及路缘石与路面接缝出现接缝变宽、渗水时,应进行填缝处理。

第八,定期修整路肩植物、清除路肩杂物,定期疏通路肩排水设施和中央分隔带排水设施,常年保持路面排水顺畅;及时清除路肩堆积物、杂草、污物;定期疏通路肩边沟、集水井、排水管、集水槽(由拦水带和路肩构成)、泄水口、急流槽等路肩排水设施;定期疏通中央分隔带的进水口、纵向排水沟、雨水井、集水井、横向排水管、渗沟等,同时定期清除雨水井、集水井污物。

第九,地下水常以毛细水、结合水、气态水和游离水形式存在于土和粒料类路面材料内,存在于路面基层、垫层和土基内的游离水会使材料强度降低,产生唧泥或造成路面冻胀破坏。为排除路面下的游离水,常沿水泥混凝土路面外侧边缘稳定基层上设置边部排水设施(一般采用多孔塑料管外包渗滤层)。把可能有的唧泥或喷射出的板块与基层间的截留水排出。由于路面排水系统的不均匀沉降及重沉积物的聚积,应使用大量清水冲洗聚水管,或采用管道清理工具疏通,要注意清除出水口的植物、淤积物和堵塞物。

6)日常养护中对病害的临时处理措施。水泥混凝土路面产生病害后,为避免病害的进一步恶化及保证道路使用的安全,在日常养护中常常要对病害采取临时性处理措施。病害的临时性处理具有经常性、周期性、预防性、及时性和快速性的特点,要求发现病害立即处理,确保行车安全。不能彻底处理病害时,必须采取临时处理措施,对病害的临时处理方法如下:

第一,为防止雨水从裂缝中渗透至基层和路基,对裂缝常常采用封闭式处理。对表面裂缝虽然贯穿板厚,但面板仍能满足要求的裂缝,且面板稳定的,可采用聚氨酯类、烯类、橡胶类、沥青类胶黏剂对裂缝进行封闭。

第二,对裂缝造成板块强度不足的,采用环氧树脂类、酚醛和改性酚醛树脂类胶黏剂对裂缝进行封闭。封闭时首先将缝内脱落物及灰尘清除干净,一般采用铁钩和吸尘器等工具进行清理,对宽度小于 3mm 的表面裂缝,也可以采用扩缝灌浆的办法封缝。

第三,为防止污染路面,在灌缝前应在缝的两侧撒砂或滑石粉,然后用灌缝机或灌缝器将封缝料灌入缝中,待封缝料冷却硬化后清理干净施工现场。

第四,临时处理坑洞的方法有填充沥青混凝土、沥青冷补材料、高强度水泥砂浆等,填充前应将坑洞内的松动物及尘土清除干净。

第五,沉陷的临时处理方法是:当沉陷量较小时,可采取铺沥青混凝土的方式进行处理;当沉降量大时,可在下面铺沥青碎石、上面铺沥青混凝土加以处理。

第六,对于断板,当断板无变形时,采取灌缝料将缝封闭;当断板有变形时,冬季可采取铺筑沥青冷补材料,一般情况可采用沥青混凝土进行临时处理,以保证行车安全。

第七,对于板角破损但无变形的,可采取封缝临时处理;对于板角破损且发生变形的,加铺沥青混凝土或沥青冷补材料补平碾压后开放交通。

(2)冬季养护。冰冻地区的公路在冬季常常积冰、积雪而造成路面太滑,经常发生交通事故。冰雪水渗入路面后常引发冻融病害,从而破坏水泥混凝土路面,加强冰雪地区路基和水泥混凝土路面冬季混凝土路面养护十分必要。冬季养护的要求如下:

第一,冰雪地区路段水泥混凝土路面冬季养护的重点是除雪、除冰、防滑,作业的重点是桥面、坡道、弯道、塩口及其他严重危害行车安全的路段。

第二,清除路面冰雪主要采用四种方法,即机械清理、化学处理、路面加热和减少冰与路面的黏着力。

第三,除雪、除冰、防滑要根据气象资料、沿线条件、降雪量、积雪深度、危害交通范围等确定作业计划,并做好机驾人员培训及机械设备、作业工具、防冻防滑材料的准备。

第四,除雪作业以清除新雪为主。化雪时,应及时清除雪水和薄冰。除冰困难的路段应以防滑措施为主、除冰为辅。除冰作业时应防止破坏路面。

第五,清雪质量受温度影响较大,抓住有利时机融雪非常重要。在降雪量较大的情况下,当雪天转晴后,如室外温度在 0℃ 以上,用机械推除积雪后,只需撒非常少量的融雪剂,随着地表温度的增加和行驶汽车的轮胎与地面的摩擦,残留的薄雪将自行融化;室外温度在 0℃ 以下时,清雪时间控制在上午 10:00 至下午 2:00。

第六,机械清除积雪后,要及时撒融雪剂融雪、防冻,对桥面、高填方等温度较低的路段要适当加大融雪剂撒布量。

第七,白天行车道的雪残留到夜晚未能融化而室外温度又较低时,由于路面有残存的融雪剂不会形成冰面,但为了使雪尽快融化干净,要在清晨交通量增大之前,或者在一昼夜温度最低的时刻来临之前,再撒一层融雪剂防冻,然后借助过往车辆的车轮压、带、磨作用,加快残雪的融化速度。

第八,路面防冻防滑的主要措施:使用盐或其他融雪剂降低路面上的结冰点;使用砂等防滑材料或与盐掺合使用,加大轮胎与路面间的摩擦系数;防冻、防滑料施撒时间,主要根据气象条件(降雪、风速、气温)、路面状况等来确定,一般可在刚开始下雪时就用融雪剂或与防滑料掺和撒布,或者在路面出现冻结前1~2小时(需预估)撒布;防止路面结冰时,通常撒布一次防冻料即可;除雪作业时,撒布次数可以和除雪作业频率一致。

第九,在冰冻地区的冬季养护中,根据养护里程和面积及撒布次数准备防滑融雪材料。常用的融雪剂有氯化钠、氯化钙、氯化镁、异丙醇、乙二醇、氮和磷酸盐化合物等,广泛使用的是氯化钠和氯化钙。使用融雪药剂时,应注意避免对路面的损伤,对汽车、护栏产生的腐蚀作用,对绿化植物的影响及对环境的污染。

第十,在冰冻和积雪期间,应经常巡视路面和涵洞。当冰雪阻塞涵洞时,要及时清除洞内的冰雪,防止涵洞堵塞;在春季气温回升冻融前,应将积雪及时清除至路肩以外,防止雪水渗入路肩;冰雪消融后,应清除路面上的残留物。禁止将含盐的积雪堆积于绿化带内,以防污染绿化植物及绿化地。

二、公路工程水泥混凝土路面的养护技术

(一)水泥混凝土路面破损处理技术

1.裂缝维修

水泥混凝土路面的裂缝情况比较复杂,维修时应根据裂缝产生的原因和具体情况,采用不同的材料和相应的维修措施,常用的维修方法有扩缝灌浆、直接灌浆、条带补缝、全深度补块等方法。

(1)对宽度小于 3mm 的轻微裂缝,可采取扩缝灌浆。

1)顺着裂缝扩宽成 1.5～2.0cm 的沟槽,槽深可根据裂缝深度确定,最大深度不得超过 2/3 板厚。

2)清除混凝土碎屑,吹净灰尘后,填入粒径为 0.3～0.6cm 的清洁石屑。

3)根据选用的灌缝材料,按规定进行配比,混合均匀后,灌入扩缝内。

4)灌缝材料固化后,达到通车强度时,即可开放交通。

(2)对贯穿全厚的大于 3mm 且小于 15mm 的中等裂缝,可采取条带罩面方法进行补缝。

1)在裂缝两侧切缝时,应平行于缩缝,且距裂缝距离不小于 15cm。

2)凿除两横缝内混凝土的深度以 7cm 为宜。

3)每间隔 50cm 打一对钳钉孔,钳钉孔的大小应略大于钳钉直径 2～4mm,并在两把钉孔之间打一对与钳钉孔直径一致的耙钉槽。

4)钳钉宜采用 φ16 的螺纹钢筋,使用前应除锈。包钉长度不小于

2cm,弯钩长度为7cm。

5)把钉孔必须填满砂浆,方可将钳钉插入孔内安装。

6)切割缝的内壁应凿毛,并清除松动的混凝土碎块及表面尘土、裸石。

7)浇筑混凝土时,应及时振捣密实、抹平,并喷洒养护剂。

8)修补板块面板两侧,应加深缩缝,并灌注填缝料。

(3)对宽度大于15mm的严重裂缝,可采用全深度补块。全深度补块分为:集料嵌锁法、刨挖法、设置传力杆法。

1)集料嵌锁法适用于无筋混凝土路面交错的接缝,且接缝间隔小于300~400cm。其修补工艺如下:

第一,在修补的混凝土路面位置上,平行于缩缝画线,沿画线位置进行全深度切割。在保留板块边部的前提下,沿内侧4cm的位置,锯5cm深的缝。

第二,破碎、清除旧混凝土的过程中不得伤及基层、相邻面板和路肩。若破除的旧混凝土面积当天无法完成混凝土浇筑时,其补块位置应做临时补块。

第三,全深锯口和半深锯口之间的4cm宽条混凝土垂直面应凿成毛面。

第四,处理基层时,基层强度符合规范要求时,应整平基层;基层强度低于规范要求时,应予以补强,并严格整平;若基层全部损坏或松软时,应按原设计基层材料重新做基层,其技术要求应符合现行规定。

第五,混凝土的配合比应根据设计弯拉强度、耐久性、耐磨性、和易性等要求,先用原材料进行配比设计,各种材料的物理性能及化学成分应符合现行规定。

第六,用水量应控制在混合料运到工地最佳和易性所需的最小值,最大水灰比为0.4。如采用JK系列混凝土快速修补材料,水灰比以0.3~0.4为宜,坍落度宜控制在2cm以内。混凝土24小时弯拉强度应不低于3.0MPa。

第七,混凝土摊铺应在混凝土拌和后30~40分钟内卸到补块区内,并振捣密实。

第八,浇筑的混凝土面层应与相邻路面的横断面吻合,其表面平整度应符合现行规定,补块的表面纹理应与原路面吻合。

第九,补块养护宜采用养护剂,其用量要根据养护材料性能确定。

第十,做接缝时,将板中间的各缩缝锯切到1/4板厚处,将接缝材料填入缩缝内。

第十一，混凝土达到通车强度后，即可开放交通。

2)刨除法也称为倒 T 形法，适用于接缝间传荷很差部位的修补，在相邻板块横边的下方暗挖 15cm×15cm 的一块面积用于荷载传递。施工要求同集料嵌锁法。

3)设置传力杆法，适用于寒冷气候和承受重型交通荷载的混凝土路面。施工要求同集料嵌锁法。

第一，处理基层后，应修复、安设传力杆和拉杆。

第二，原混凝土面板没有传力杆或拉杆折断时，应采用与原规格相同的钢筋焊接或重新安设。安装时应在板厚 1/2 处钻出比传力杆直径大 2～4mm 的孔，孔中心距 30cm，其误差不应超过 3mm。

第三，横向施工缝传力杆直径为 25mm，长度为 45cm，嵌入相邻保留板内深 22.5cm。

第四，拉杆孔直径宜比拉杆直径大 2～4mm，并应沿相邻板块间的纵向接缝板厚 1/2 处钻孔，中心距 80cm。拉杆采用 ϕ16 螺纹钢筋（长 80cm），40cm 嵌入相邻车道的板内。

第五，传力杆和拉杆宜用环氧砂浆牢牢地固定在规定位置，摊铺混凝土前，光圆传力杆的伸出端应涂少许润滑油。

第六，新补板块与沥青路肩相接时，应和现有路肩齐平。

第七，传力杆若安装倾斜或松动失效，应予以更换。

2. 唧泥处理

(1)压浆处理路面淤泥。水泥混凝土路面唧泥病害，应采取压浆处理，其要求应按板下封堵沥青灌注、水泥浆、水泥粉煤灰浆和水泥砂浆灌浆等方法进行。水泥混凝土面板进行压浆处理后，应对接缝及时灌浆。

(2)设置排水设施。有唧泥表明路面、基层或路基排水不良，应采取措施改进路面、基层和路基排水系统。设置排水系统的基本要求如下：

1)路面和路肩应设计横坡，宜铺设硬路肩。

2)路面裂缝、接缝，以及路面与硬路肩接缝应密封。

3)设置纵向积水管和横向出水管。

第一，在水泥路面的外侧边缘挖一条纵向沟，宽 15～25cm，沟深挖至集料基层之下 15cm，横沟与纵沟的交角应在 45°～90°，横沟间的距离约 30m。

第二，积水管一般采用 7.5cm 多孔塑料管，出水管为无孔塑料管。

第三，设置纵向和横向水管，并按设计的距离将积水管和出水管连接起来。

第四,纵向多孔管应包一层渗透性较强的土工织物。

第五,积水管和出水管放入沟槽时,其底部应平顺,横向出水管的坡度应大于或等于纵向排水坡度,出水管的管端应延伸到排水沟内,并设端墙。

第六,管的外围应填放粗砂等渗滤集料,并振动压实。

第七,回填沟槽时,应采用与原路肩相同的材料恢复原状。

4)盲沟设置基本要求。

第一,在沿水泥路面外侧挖纵向沟时,沟底应低于面板 10cm,在水泥混凝土路面接缝处挖横向沟。

第二,沟槽底面及外侧铺油毡隔离层,沿水泥路面交界处及盲沟顶部铺设土工布过滤层。

第三,盲沟内宜填筑碎(砾)石过滤材料。

第四,盲沟上应采用相同材料恢复路面(路肩)。

3.错台处理

水泥混凝土路面错台病害,轻则影响行车的舒适性,重则危及行车安全,错台的处治方法有磨平法和填补法两种,可按错台的轻重程度选定。

(1)高差小于且等于 10mm 的错台,可采用磨平机磨平,或人工找平。无论人工找平还是磨平机磨平,首先均应划定错台处治范围。采用机械磨平法应从错台最高点开始向四周扩展,边磨边用三米直尺找平,直至相邻两块板齐平为止,磨平后,应将接缝内杂物清除干净,并吹净灰尘,及时将嵌缝料填入。采用人工处治法时,应用平头凿由浅到深从一边凿向另一边,凿后的面板应达到基本平衡,凿完后清除接缝杂物,吹净灰尘,及时灌入填缝料。

(2)高差大于 10mm 的严重错台,可采取沥青砂或水泥混凝土进行处治、补平或调平宽度不小于 40 倍的错台高差,或用沥青混凝土罩面,或采取板底压浆抬高等方法进行处治。沥青砂填补法不宜在冬季进行,填补时清除掉路面杂物和灰尘,并喷洒一层热沥青或乳化沥青,沥青用量为 0.40～0.60kg/m^2。摊铺沥青砂时,修补面纵坡变化应控制在 $i \leqslant 1\%$,沥青砂填补后,宜用轮胎压路机碾压,初期应控制车辆慢速通过。采用水泥混凝土修补法时,应将错台下沉板凿除 2～3cm 深,修补长度按错台高度除以坡度(1%)计算,凿除面应清除杂物灰尘。浇筑聚合物细石混凝土时,混凝土达到通车强度后,即可开放交通。

4.沉陷处理

沉陷是水泥混凝土路面严重病害之一,它可以导致面板的错台、严重破碎以致影响到行车安全。沉陷处理应设置排水设施,其方法按前述唧泥处理排水设施要求处理。沉陷处理方法有板块灌砂顶升法、千斤顶顶升法、浅层接合式修补法和整块板翻修法等。

(1)当车辆驶过时仅引起不舒适而不影响安全性,且纵坡突变量为0.5%~1.0%的轻微沉陷可不予处理。

(2)当某些车辆高速驶过时影响安全,且纵坡突变量大于1.0%的属严重沉陷,严重沉陷可采用提升面板后再压浆的方法进行处理,也可采用先板底灌浆再进行浅层接合式修补调平,或采用沥青混凝土罩面的办法处理。面板在顶升前,应用水准仪测量下沉板的下沉量,测站距下沉处应大于50m,并绘出纵断面,求出升起值。在每块混凝土面板上钻出两行平行的直径为3cm的透孔,孔的距离约为1.7m(板宽3.5m时,一孔所占面积为3~3.5m²),孔深应略大于板厚2cm,当板需要从一侧升起时,只需在升起部分钻孔。在升起前将所有孔用木塞堵好,一孔一孔地灌砂,充气管与板接头处用棉絮密封,用排气量为6~10m³/min的空气压缩机向孔中灌砂,直至下沉板全部顶升就位。灌注材料可采用水泥砂浆。压浆材料的抗压强度达到6MPa时,方可开放交通。

(3)沉陷并伴有板体开裂时属严重破碎板,一般应整板更换。整板更换时,宜用液压镐将旧板凿除,尽可能保留原有拉杆,并清运混凝土碎块,将基层损坏部分清除,并整平压实。对基层损坏部分,宜采用C15号混凝土补强,其补强混凝土顶面高程应与旧路面基层顶面高程相同,同时宜在混凝土面板接缝处的基层上涂刷一道宽20cm的薄层沥青。

(4)整块翻修的面板如处在路面排水不良地带,路面板边缘及路肩应设置路基纵横向排水系统。单一板块翻修时,应在路面板接缝处设置横向盲沟。路面有纵坡时,宜设置纵向盲沟,在纵坡底部设置横向盲沟。

(5)板块修复、混凝土施工时,配合比及所有材料宜采用快速修补材料。修补材料按配合比设计,将拌和好的混合料用翻斗车运送到施工现场,进行人工摊铺。宜采用插入式振捣器振捣边角混凝土,并用振动梁刮平提浆,人工抹平,与原混凝土板面高低一致。对混凝土表面处理时,应按原路面纹理进行,宜采用养护剂进行养护。相邻板边的接缝,用切缝机切至1/4板块深度,清除缝内杂物,灌入接缝材料。待混凝土达到通车强度后,开放交通。

5.拱起处理

水泥混凝土路面拱起,主要是因胀缝失效,混凝土板块热胀,而突然使横缝两侧的板体明显提高。拱起处理应根据具体情况,采取不同的方法进行处治。

(1)对轻微拱起病害,应用切缝机或其他机具将拱起板间横缝中的硬物切碎,用压缩空气将缝中石屑等杂物和灰尘吹净,将板块复位,再进一步灌填接缝材料。

(2)对严重拱起处理,板端拱起但路面完好时,应根据板块拱起高低程度,计算要切除部分板块的长度。先将拱起板块两侧附近1～2条横缝切宽,待应力充分释放后切除拱起端,逐渐将板块恢复原位,在缝隙和其他接缝内应清除并灌接缝材料。

(3)拱起板端发生断裂或破损时,应按严重裂缝处理的集料嵌锁法、刨除法和设置传力杆法进行处治。

(4)拱起板两端间因硬物夹入发生拱起,应将硬物清除干净,使板块恢复原位,应清理接缝内杂物和灰尘,灌填缝料。

(5)胀缝间因传力杆部分或全部在施工时设置不当,使板受热时不能自由伸长而发生拱起,应重新设置胀缝。按水泥混凝土路面有关施工规范执行,使面板恢复原状。

(6)混凝土路面板的胀起与拱起的处理方法一致。

6.坑洞修补

水泥混凝土路面坑洞的产生,主要是粗集料脱落或局部振捣不密实等原因所致。发生坑洞面积不等,有的在一块板或多块板上出现。坑洞尽管对行车影响不大,但对路面的外观和表面功能都有较大影响,因此,应根据实际情况采取相应措施进行修补。

(1)对个别的坑洞,应清除洞内杂物,用水泥砂浆等材料填充,达到平整密实。

(2)对较多坑洞且连成一片的,应采取薄层修补方法进行修补。

第一,划出与路中心线平行或垂直的修补区域图形。

第二,用切割机沿修补图形切槽,切割深度应在6cm以上,用风镐清除槽内混凝土,使槽底平面达到基本平整,并将切割面内的光滑面凿毛。

第三,用压缩空气吹净槽内的混凝土碎屑和灰尘。

第四,按原混凝土配比设计配制混凝土,宜掺加早强剂。混凝土拌和物填入槽内,振捣密实,并保持与原混凝土面板齐平。宜喷洒养护剂养护。

第五,待混凝土达到通车强度后,方可开放交通。

(3)低等级公路对面积较大、深度在3cm以内、成片的坑洞,可用沥青混凝土进行修补。

第一,用风镐凿除一个处治区,其图形边线应与路中心线平行或垂直。

第二,凿除深度以 2～3cm 为宜,并清除混凝土碎屑。

第三,铺筑沥青混凝土前,应将凿除的槽底面和槽壁洒黏层沥青,其用量为 0.4～0.6kg/m^2。

第四,沥青混凝土应碾压密实平整。

第五,待沥青混凝土冷却后,控制车速通车。

7. 板块脱空处治

水泥混凝土路面板下封堵是一种预防性养护措施,它是对路面板下和基层、垫层中的空隙进行灌浆。由于空隙被填充,会减少未来发生唧泥或断板的可能性,但此项处治措施不能提高结构设计承载能力,也不能消除因温度变化和交通荷载而造成的错台。因此,板下封堵应在弯沉增大、尚未发现严重唧泥或严重裂缝时进行,如果弯沉很小,也不宜灌浆,以免因灌浆所造成的扰动使弯沉扩大。

(1)面板脱空的判定。板下封堵的首要问题是判定水泥混凝土路面板是否脱空,板块脱空的判定可采用弯沉测定法进行,弯沉的测定需用 5.4m 长杆弯沉仪及相当于 BZZ-100 重型标准汽车。弯沉仪的测点与支座不应放在相邻两块板上,待弯沉车驶离测试板块后,方可读取百分表值。凡弯沉值超过 0.2mm 的,应确定为面板脱空。

(2)灌浆前检查。灌浆前应检查压浆泵、发电机组各连接部件是否牢固,供电线路、电器是否正常,润滑部位液面是否足够,并彻底排清砂浆搅拌机的积水及残留物。

(3)确定灌浆孔位置。灌浆孔布置应根据路面板块的尺寸、下沉量大小、裂缝状况,以及灌浆机械确定。根据各块板的弯沉值和损坏的具体情况,确定需灌浆加固的水泥混凝土板及范围,在混凝土板上确定孔位,并做好标记。

(4)钻孔作业。钻孔作业时,将钻孔机放置在确定的钻孔位置,开动钻机开关,钻头转向无误并有水流出,方能开始钻孔,孔的直径应略大于灌浆的喷嘴直径,一般为 50mm 左右。孔的深度应穿过混凝土板,钻入稳定的基层 1～3cm。灌浆孔与面板边的距离不应小于 0.5m。在一块板上,灌浆孔的数量一般为 5 个,也可根据情况确定。

(5)灌浆。灌浆时应先灌注面板边缘的孔,再灌注面板中间的孔。将灌浆机的喷嘴插入孔中,并封紧以防浆体从孔中流出。启动灌浆机,将压力泵的压力均匀增加到 1.0～1.5MPa(因机械不同需要的压力各异)时,进行灌浆,待浆体由其他孔中或板块四周挤出时,表明板下空隙已被灌满,应减小压力并将喷口提起,立即用木塞塞孔防止浆体溢出,至浆体初凝后拔出木塞。用高标号砂浆封孔、抹平,关闭压力泵,将灌浆机移到下一个孔继续灌浆,待一块板灌浆完毕后,再移至其他板块灌浆。

(6)开放交通。灌浆区板下的浆体经2～3天的硬化,达到通车强度后,即可开放交通。

(7)板下封堵。水泥混凝土路面板和基层之间由于出现空隙而导致路面沉陷的,可采用沥青灌注、水泥浆、水泥粉煤灰浆和水泥砂浆灌浆等方法进行板下封堵。

1)沥青灌注法。

第一,灌浆孔的布置参照前面有关论述进行。

第二,灌浆孔钻好后,应采用压缩空气将孔中的混凝土碎屑、杂物清除干净,并保持干燥。

第三,宜采用建筑沥青,沥青加热熔化温度一般为180℃。

第四,沥青洒布车或专用设备的压力为200～400kPa。灌注沥青压满后约0.5分钟,应拔出喷嘴,用木楔堵塞。

第五,沥青温度下降后,应拔出木楔,填进水泥砂浆,即可开放交通。

2)水泥灌浆法。

第一,灌浆孔的布设与沥青灌注法相同。

第二,灌注机械可用压力灌浆泵,灌注压力为1.5～2.0MPa。

第三,灌浆作业应先从沉陷量大的地方的灌浆孔开始,逐步由大到小。当相邻孔或接缝中冒浆,可停止泵送水泥浆,每灌完一孔应用木楔堵孔。

第四,待砂浆抗压强度达到3MPa时,用水泥砂浆堵孔,即可开放交通。

8. 表面起皮处治

表面起皮处治应根据公路等级和表面破损程度,采取不同的材料和施工方法进行,对局部板块的表面起皮应进行罩面。

(1)一般公路水泥混凝土板表面起皮,宜采用稀浆封层加以处治。

(2)高速公路水泥混凝土板表面起皮,宜采用改性沥青稀浆封层或沥青混凝土加以处治。

(3)较大面积的水泥混凝土面板表面起皮,宜采取稀浆封层及沥青混凝土罩面加以处治。

9. 板边、板角修补

水泥混凝土路面板角破损和板角断裂是水泥混凝土路面常见病害之

一,如不及时修复,则将导致病害的扩大,甚至造成整个面板的断裂,进而影响行车安全。

(1)板边修补的基本要求。

1)当对水泥混凝土面板边轻度剥落进行修补时,应将剥落的表面清理干净,用沥青混合料或接缝材料修补平整。

2)当板边严重剥落时,采用中等裂缝维修的条带罩面方法进行修补。

3)当板边全深度破碎,采用严重裂缝维修的全深度补块方法,即集料嵌锁法、刨挖法、设置传力杆法进行修补。

(2)板角修补,基本要求。

1)板角断裂应按破裂面的大小确定切割范围。

2)切缝后,凿除破损部分时,应凿成规则的垂直面。对原有钢筋不应切断,如果钢筋难以全部保留,则至少也要保留 20~30cm 长的钢筋头,且应长短交错。

3)原有滑动传力杆如有缺陷,应予以更换并在新老混凝土之间加设传力杆,传力杆间距控制在 30cm。

4)基层不良时,可采用 C15 号混凝土浇筑基层。

5)与原有路面板的接缝面,应涂刷沥青。如胀缝,应设置接缝板。

6)现浇混凝土与老混凝土面板之间的接缝应切出宽 3mm、深 4mm 的接缝槽,并灌入填缝材料。

7)待混凝土达到强度后,方可开放交通。

(二)水泥混凝土路面加铺与加宽技术

1. 水泥混凝土路面加铺

(1)选择加铺方式。在旧水泥混凝土路面上,加铺的水泥混凝土路面面层有接合式、分离式及直接式三种。加铺方式应根据原有路面的损坏情况、接缝类型和布置,以及原路面的路拱坡度和加铺路面的路拱坡度等条件来选择。当加铺层与原有路面坡度基本一致时,可采用接合式或直接式加铺。当原有路面结构损坏严重、板块裂缝多、不易修复,或原有路面接缝不合理、新旧路面坡度不一致时,应采用分离式加铺层。

(1)接合式加铺层作业时,首先对原路面进行凿毛并清洗干净,涂以黏结剂,随即浇筑加铺层,使加铺层与旧路面黏结为一个整体,共同发挥结构的整体强度作用。可用等刚度法按接合式进行应力计算与厚度设计,接合式加铺层厚度不小于 10cm。

（2）分离式加铺层是在旧路和加铺层之间设置隔离层，各层混凝土独立发挥其强度作用。当隔离层为油毡时，其隔离层厚度很小，引起的垂直变形忽略不计，可以直接进行加厚层的应力分析与厚度设计。分离式加铺层的厚度不小于 18cm。

（3）直接式加铺层是在清洗干净的原路面上，不涂黏结剂，也不凿毛，直接浇筑水泥混凝土。由于新旧路面之间的摩擦阻力作用，因而具有一定的结构整体性。层间接合能力介于接合式与分离式之间。直接式加铺层厚度不小于 14cm。

（2）选择加铺结构。选择加铺结构时，对大交通量、重载交通道路水泥混凝土路面加铺，应采取连续配筋或钢筋混凝土加铺层。对地面高程受到限制的路面、桥面铺装，可采取钢纤维混凝土加铺层。钢纤维混凝土的弯拉强度为普通混凝土的 1.5～2.0 倍。钢纤维混凝土加铺层可按普通混凝土加铺层的规定，计算普通混凝土加铺层的厚度，然后取普通混凝土加铺层厚度的 0.65～0.75 倍。

（3）各类加铺层适用的技术条件。

1）当旧混凝土路面状况评定为"优"时，混凝土路面板块基本完好，板块的平面尺寸和接缝布置也比较合理，新旧路面路拱坡度基本一致，接缝基本对齐.为提高水泥路面的承载能力，宜采用接合式加铺层。加铺层铺筑前应首先对路面的结构性损坏进行修复，对旧混凝土板表面凿毛并仔细清洗路表油污、剥落及接缝中的杂物，重新封缝，并在洁净的混凝土毛面上涂以水泥浆，铺筑水泥混凝土加铺层，宜采用直接式加铺层。

2）当旧水泥路面状况评定为"良""中"时，路拱坡度基本符合要求，板块的平面尺寸和接缝布置合理，为提高水泥混凝土路面的承载能力，加铺层铺筑前，应先对路面的结构性损坏进行修复，对旧混凝土路面表面仔细清洗，清除旧混凝土表面剥落碎块及接缝中的杂物，并重新封缝。

3）当旧水泥路面状况为"次"，或新旧混凝土路面的尺寸不同，或新旧路面路拱坡度不一致，或路面要进行拓宽时，为提高路面通行能力，应采用分离式加铺层。加铺层铺筑前，应对旧路面严重破碎、脱空、裂缝继续发展的板块进行破碎、清除，用混凝土补平。隔离层材料应采用油毡、沥青砂及细粒式沥青混凝土等稳定性较好的材料。隔离层的厚度为 1.5～2.0cm。

4）当旧水泥路面状况为"差"时，应将旧水泥路面破碎、灌浆、碾压稳定以作为垫层使用，在垫层上铺筑一层半刚性基层，半刚性基层的最小厚度不小于 15cm，然后再铺筑水泥混凝土加铺层。

（4）加铺前的技术调查。在对旧水泥混凝土路面进行加铺前，应对原有水泥混凝土路面做技术调查，调查的项目有年平均交通量、交通组成及增长率，公路修建与养护的技术资料，以及原有路面结构、宽度、厚度及路拱情况，原有路面状况的评定，路基的填土高度、地下水位、多年平均最大冻深、排水与积水状况等，旧混凝土的弯拉强度与弯拉弹性模量、旧混凝土路面面板的厚度，基层顶面的当量回弹模量。

（5）旧路面的处理。

1）对旧混凝土路面进行调查，分板块逐一编号，绘制病害平面图。

2）按设计要求对病害面板进行处理。

3）板底脱空可采用板下封堵的方法进行压浆处理。

4）板块破碎，角隅断裂、沉陷、掉边、缺角等病害板，必须用破碎机（液压镐）凿除。清除混凝土碎屑后，整平基层，并夯压密实，然后铺筑与旧板块等强度的水泥混凝土，其标高控制与旧板面齐平。

（6）铺筑隔离层。在旧混凝土顶面宜铺筑一层隔离层。

1）铺筑前应先清除旧面板表面杂物，冲刷尘污，使板面洁净无异物。

2）用清缝机清除水泥混凝土面板接缝杂物，用灌缝机灌入接缝材料。

3）在旧混凝土表面洒布黏层沥青。

第一，在封闭交通施工的路段，施工路段长度一般不宜大于 1000m；在半幅通车半幅施工路段，施工路段长度一般不宜大于 300m。

第二，黏层沥青采用热沥青或乳化沥青。沥青用量为 $0.4kg/m^2$ 宜采用快裂洒布型乳化沥青 PC-3、PA-3，乳液中沥青含量不少于 50%，乳化沥青用量为 $0.6kg/m^2$ 洒布过量处，应刮除。

第三，严禁在已洒布或涂刷黏层沥青的面板上通行车辆和行人，并防止土石杂物等散落在沥青上面。

第四，应随隔离层摊铺速度相应先行洒布、涂刷黏层沥青，沥青应均匀洒布或涂刷在干燥洁净的旧水泥混凝土面板上，沥青以不流淌为宜。

第五，黏层沥青洒布或涂刷后应紧跟着进行隔离层施工，采用乳化沥青时，摊铺隔离层应在破乳后方可进行。

4）沥青混凝土隔离层。

第一，沥青混凝土隔离层的材料技术性能、矿料级配和施工工艺应符合相关要求。

第二，沥青混凝土厚度以 1.5～2.5cm 为宜。

第三，摊铺宽度应超过加铺板边缘 25cm，严禁出现空白区。

第四,碾压机械宜采用轮胎压路机,自路边向路中心碾压,边压边找平,至沥青混凝土隔离层平整无轮迹为止。

5)土工布隔离层。

第一,在水泥混凝土路面上满铺土工布,边铺边用木棍推压整平。

第二,在土工布搭接部分涂刷热沥青,土工布纵、横向搭接宽度为2cm。

第三,铺好的土工布隔离层,严禁非施工车辆和行人通行,以避免人为损坏,同时要保持土工布隔离层洁净无污染。

6)沥青油毡隔离层。

第一,在水泥混凝土路面上满铺沥青油毡,采用不低于350号的石油沥青纸胎油毡,其应符合国家标准。

第二,油毡应纵向摊铺,沥青油毡纵、横向搭接宽度为20cm。如果摊铺二毡二油,则每层油毡的搭接位置应错开,在沥青油毡搭接部分涂刷热沥青,摊铺时边铺边用滚筒碾平压实,务必使毡油紧贴。

第三,铺好的沥青油毡隔离层,严禁车辆和行人通行,并保持洁净,发现损坏及时修整。

(7)计算加铺层厚度。水泥混凝土加铺层厚度应通过计算确定,且不小于18cm。

1)水泥混凝土加铺层半幅施工时模板应采用钢模板,中模以角钢为宜,必须支立稳固,其平面位置与高度应符合设计要求。

2)安装模板宜采取由边模固定中模的方法。边模由钢钎固定,中模每间隔1m用膨胀螺丝将模板外侧底部预先定位固定,中、边模之间采用横跨两模板的活动卡梁辅助固定。活动卡梁间距不大于2m,并随铺筑进度相应装拆推移。

3)混凝土配合比设计,混合料搅拌、运输、摊铺、振捣、整平、接缝设置、表面修整、养护、锯缝、填缝等工艺应符合公路水泥混凝土路面有关施工规范规定。

4)加铺层时,新、旧混凝土面板应尽可能对缝;模板拆除时,必须做好锯缝位置的标记。

(8)钢纤维加铺层。钢纤维混凝土加铺层适用于路面标高受到限制的路段。

1)钢纤维混凝土加铺层与普通混凝土加铺层的形式相同,也分为接合式、直接式、分离式。钢纤维混凝土加铺层除纤维混凝土施工工艺外,与普通混凝土加铺层的施工前准备工作以及对旧面板的处理、立模等基本相同。

2)钢纤维混凝土路面板厚应通过结构设计确定,也可取普通混凝土路面板厚度的 0.65 倍,接合式加铺层厚度不小于 5cm,直接式加铺层厚度不小于 12cm,分离式加铺层厚度不小于 14cm。

3)钢纤维用量按占混凝土的体积百分率计,钢纤维体积率为 1.27%。钢纤维混凝土拌和物的配合比及混合料搅拌、摊铺、振捣、整平、养护等,均应符合公路水泥混凝土路面有关施工规范的规定。

4)接合式或直接式加铺层的接缝应与原路面相对应。分离式加铺层可不受老路面限制,横向纵缝间距可为 15m,纵、横向施工缝及胀缝的设置与普通混凝土路面相同,全幅摊铺的路面可不设纵缝,拆模时必须做好锯缝标记。

5)进行钢纤维混凝土配合比设计时,首先要计算配制强度,确定钢纤维体积率及水灰比、单位用水量、单位水泥用量及含砂率;其次采用绝对体积法计算粗细集料的用量;最后计算钢纤维用量。

6)钢纤维一次性直接投入搅拌机易出现结团现象,为使钢纤维充分分散,国外常将钢纤维通过分散机后再进入搅拌机。常用的钢纤维分散机有:振动式、摇拨式、筛筒旋转式和离心式四种类型,机器功率多为 0.75～1.0kW,分散力一般为 20～60kg/min。因使用分散机使钢纤维水泥混凝土搅拌时间延长 3～6 分钟,影响工程进度,常在施工时于料斗入口处设置振动筛。

7)当干燥的水泥堆在纤维上部时,水泥会渗进纤维骨架内进入搅拌机,一经搅拌易形成内包干燥水泥的钢纤维球。为防止钢纤维结团,需采取分级投料、先干后湿的工艺,即按如下顺序进料:投放瓜子片—1/4 钢纤维—1/2 砂—水泥—1/2 砂—1/4 钢纤维—1/2 碎石—1/4 钢纤维—1/2 碎石—1/4 钢纤维。混合料需先干拌 1 分钟,然后加水湿拌 2 分钟。

8)使用插入式振捣器对钢纤维进行振捣时,有可能会使钢纤维向振动着的振动棒聚集,产生集束效应,为确保钢纤维的二维分布,宜使用平板振捣器振捣成型。为保证边角混凝土密实,振捣棒可沿路线纵向斜向拖动。

9)钢纤维混凝土宜采用真空吸水工艺机械抹平,阻止纤维外露。采用刻槽机刻槽工艺可避免压纹或拉毛产生的平整度差和纤维外露的现象。

10)钢纤维混凝土收缩性小、抗裂性好,有条件封闭交通的施工路段,采用混凝土摊铺机可做成整幅式,不设纵缝。钢纤维混凝土养护到设计强度的 50% 后,方可对旧混凝土路面缩缝,每隔 15m 切一道缩缝。缝深为 1/3～1/4 方,清缝后灌入接缝材料。

(9)连续配筋混凝土加铺层。连续配筋混凝土加铺层适用于高速公路。

1)连续配筋混凝土加铺层的厚度设计方法与普通混凝土路面相同,其所用材料应符合有关施工技术规范的要求。

2)纵向、横向钢筋应采用螺纹钢筋。纵向钢筋配筋率由计算确定,一般控制在 0.5%～0.7%范围内。横向钢筋用可取纵向钢筋用量的 1/5～1/8。

3)钢筋布置应符合下列要求:

第一,纵向钢筋间距不小于 10cm 且不大于 25cm。

第二,横向钢筋间距不大于 80cm。

第三,纵向钢筋焊接长度不小于 50cm,或不小于钢筋直径的 30 倍,焊接位置相互错开,不应在一个断面上重叠。

第四,纵向钢筋应设在面板厚度的 1/2 处,横向钢筋位于纵向钢筋之下,横向钢筋下设梯形混凝土支撑垫块。

第五,边缘钢筋至板边的距离一般为 10～15cm。

4)纵向钢筋的焊接应采用闪光对焊或电弧焊,焊接的接头形式、焊接工艺和焊接质量验收应符合现行有关施工技术规范的要求。

5)连续配筋混凝土加铺层的施工必须连续作业,搅拌与运输各个环节应严格控制水量,运输宜采用自卸汽车。

6)摊铺前应在基层表面洒水,摊铺顺序应严格安排,前后各道工序应紧密衔接,避免高温施工。一般宜采用摊铺机,如采用人工摊铺时应注意防止扰动钢筋的正确位置。每段施工中不得有接缝,若摊铺因故中断,则需设置平缝形式的施工缝,纵向钢筋仍应保持连续,并穿过接缝增设拉杆。

7)端部处理。在与其他路面、桥梁、涵洞等构造物连接处,必须进行端部处理。可根据实际情况连续设置三道胀缝或三道矩形锚固梁。当采用地梁锚固时,锚固段按设计的结构尺寸开挖地槽,应不扰动两侧基层(垫层)和地基;当采用灌注桩锚固时,桩顶应与混凝土连成整体;当采用宽翼缘工字钢端部接缝时,应确保搁置在枕垫板上的连续配筋混凝土路面板端部可自由滑动,其与工字钢连接的部位以胀缝料充填。

8)接缝设置。

第一,一次铺筑宽度为 4.5m 时,应增设纵向缩缝。纵缝不另设拉杆,由一侧板的横向钢筋延伸,并穿过纵缝代替拉杆。

第二,施工缝可采用平缝,纵向钢筋应保持连续,穿过接缝。

第三,胀缝构造与普通混凝土路面相同。

(10)钢筋混凝土加铺层。钢筋混凝土加铺层适用于一般路段。

1)钢筋混凝土板厚按普通混凝土板规定进行设计。

2)纵、横向钢筋宜采用相同的直径。

3)钢筋的搭接长度宜大于直径的 25 倍,钢筋应设在板面下 1/3～1/2 板厚范围内,外侧钢筋中心距接缝或自由边的距离为 10～15m,钢筋保护层的最小厚度不小于 5cm。

4)横向缩缝间距宜为 10m,并应设传力杆。纵缝、胀缝和施工缝的设置与普通混凝土路面相同。

(11)直接式加铺层施工注意事项。直接式加铺层施工需清除旧面板表面积物,冲刷尘污,使板面洁净无异物。直接式加铺层厚度应通过计算确定,且不小于 14cm。

1)采用直接式加铺层的路段,其板面应基本完好、平整。旧混凝土面板局部裂缝处应采用钢筋网片补强,钢筋网片覆盖于裂缝之上,超过裂缝不小于 50cm,网片距板底面 5cm。

2)水泥混凝土路面施工按照公路水泥混凝土路面有关施工规范规定执行。

2. 水泥混凝土路面加宽

加宽部位的路基填筑应符合设计要求,路基顶面应与原路基顶面齐平,施工质量应符合现行路基施工技术规范的要求。

(1)路基加宽。路基加宽时应先将原边坡坡脚或边沟清淤。

1)必须铲除边坡杂草、树根和浮土,并按规定处理。

2)应分层填筑压实路基。

3)必须处理好新旧路基的衔接,在新老路基交界处,路基与基层界面上铺设一层土工格栅。

4)加宽路基时,应同时做好路基排水系统。

(2)路面基层加宽。路面基层拓宽时,新加宽的基层强度不得低于原有水泥混凝土路面的基层强度,宜采用相错搭接法。

(3)混凝土路面加宽。混凝土路面加宽应符合下列要求:

1)双侧加宽。如原路基较宽,路面加宽后路肩宽度大于 75cm 时,可以直接加宽并碾压密实,做 1cm 下封层,设置拉杆,浇筑混凝土板;如路基较窄不具备加宽路面条件的路段,则应先加宽路基。如果施工机械和操作方法能保证路基加宽部分达到规定密实度,即可加宽路面,否则应待路基压实稳定后,再加宽路面。

2)可结合加宽增加、完善路基路面排水系统。

3)受线形和地形限制时,可采用单侧加宽。

4)采用与原路面基层结构相同的材料铺筑路面基层。基层厚度大于20cm时,可采用相错搭接法进行。先用切割机距基层边缘30cm、沿路线纵向切割1/2的基层厚度,用风镐凿除30cm范围内的1/2基层厚度,分层摊铺压实路面基层,新加宽的基层强度不得低于原有水泥路面的基层强度。

5)在平曲线处,均应按规定设置超高加宽,原来漏设的,也应结合加宽补设。

6)加宽混凝土面板的强度、厚度、路拱、横缝均宜与原混凝土面板相同。板块长宽比应为1.3～1.2。

7)路面板加宽应按下列方法增设拉杆:

第一,在面板外侧每间隔60cm,在1/2板厚处打一深30cm、直径18mm的水平孔。

第二,清除孔内的混凝土碎屑。

第三,向孔内压入高强砂浆。

第四,插入 ϕ 4mm、长60cm的螺纹钢筋。

结束语

公路交通以其灵活、快捷、方便、机动、覆盖面广、通达深度深、可达性好等特点,成为现代综合交通运输体系的重要组成部分。它是国民经济的重要基础产业和新增长点,是社会及经济快速、健康、持续发展的生命线,并在一定程度上标志着一个国家或地区社会经济的发展水平。改革开放以来,为了适应社会经济发展的需要,我国公路运输进入了一个新的发展时期,公路里程、公路运输量和民用汽车保有量均大幅度增长,覆盖全国及各省的干线公路网已逐渐形成。公路建设项目的如期完成离不开有效合理的管理,只有注重公路工程项目的管理作用,才能最大限度减少公路建设过程中的失误,以提高公路建设质量。公路养护管理是一项复杂的系统工作,管理者不仅要遵循系统、科学的工程管理办法,还要与时俱进,大胆求新,提前做好应对措施;同时还需要总结经验教训,深入研究公路养护管理的方法,以促进我国公路工程建设的快速发展。

参考文献

[1]赵之仲,王琨.公路工程养护及改扩建施工技术[M].徐州:中国矿业大学出版社,2017.

[2]赵树青,王义国,樊兴华.公路养护与管理[M].武汉:华中科技大学出版社,2015.

[3]王秀敏,葛宁.公路工程施工组织与管理[M].天津:天津大学出版社,2018.

[4]马可为.国际工程项目人力资源管理风险及控制策略分析[J].商讯,2021(27):186—188.

[5]尚佩.公路工程项目合同管理及变更索赔措施[J].工程建设与设计,2021(3):231—233.

[6]孙超.公路工程项目分包合同管理[J].交通世界,2020(21):134—135.

[7]熊艳.公路工程项目合同管理与成本控制[J].交通建设与管理,2020(03):162—163.

[8]苏建斌.公路工程项目施工中的成本管理及其控制[J].现代企业,2020(04):23—24.

[9]张学珍.公路工程项目合同管理与成本控制[J].价值工程,2019,38(36):67—68.

[10]董力维.公路工程项目施工成本管理控制[J].工程建设与设计,2019(14):193—194.

[11]翟娇.公路工程项目施工的合同管理[J].交通世界,2018(33):154—155.

[12]赵育飞.公路工程建设项目合同管理及变更索赔分析[J].交通世界,2018(32):149—150.

[13]刘丽霞.公路工程项目的人力资源管理和优化研究[J].现代营销(下旬刊),2018(08):184.

[14]王丽.绩效考核在工程项目人力资源管理中的应用[J].企业改革

与管理,2018(14):76—77.

[15]王超.浅谈公路工程项目施工中的人力弹性化管理[J].中国高新技术企业,2016(35):232—233.

[16]李艳,刘子豪.浅谈国际公路工程项目成本管理和控制[J].中外公路,2015,35(S1):22—27.

[17]杜军良,陈政.浅析目标成本管理在公路工程施工项目中的应用[J].工程经济,2015(03):24—28.

[18]邓艳红.公路工程业有限人力资源下的多项目管理模式[J].河南科技,2010(20):80+97.

[19]吴建清,厉超,宋修广.公路路基养护现状分析[J].北方交通,2014(10):33—35.

[20]王亚龙.城市道路沥青路面养护技术应用研究[J].科技创新与应用,2021,11(16):78—79+82.

[21]李继业,贾雍,张平.公路工程材料检测和施工质量控制[M].北京:化学工业出版社,2015.

[22]郑安文.关于我国公路高速化的思考[J].科技进步与对策,2001,18(12):191.

[23]刘隽,王业蟊,李惠娟,等.我国公路运输业对经济发展的影响分析[J].商业经济研究,2015(15):131.

[24]葛春雷.公路路面路基施工质量控制措施[J].交通世界(上旬刊),2017(12):58.

[25]张宏洲.高速公路路基路面排水施工技术[J].筑路机械与施工机械化,2012,29(5):54—57.

[26]万瑞,张峻伟,张婷.路基路面拼接施工技术在高速公路改扩建中的应用[J].公路,2021,66(2):351—357.

[27]张少均,柳凯,朱磊磊,等.冲击碾压改建路面施工对路基动力效应的试验研究[J].公路工程,2021,46(1):154—160,204.

[28]石鑫.冲击压实工艺在石环公路路基施工中的应用[J].筑路机械与施工机械化,2007,24(9):59—61.

[29]吴伟迪,张德津,王照远,等.面向路面使用性能的公路养护决策方法[J].计算机应用与软件,2022,39(2):88—94.

[30]张丰焰,史强,王元庆.公路养护工程分类方法[J].长安大学学报(自然科学版),2008,28(4):39—42.

[31]于英,王麒麟,田晋跃.高速公路养护成本预测模型[J].交通运输工程学报,2007,7(3):76-79,85.

[32]张丰焰,周伟,王元庆,等.完善公路养护工程投资管理初探[J].交通运输系统工程与信息,2006,6(5):98-103.

[33]裴古安,杨重存.论公路养护与环境绿化[J].公路交通科技,2000,17(5):115-118.

[34]张丰焰,周伟,肖开玉,等.公路养护工程分类探讨[J].公路,2007(05):184-188.

[35]张文学,刘丹.公路养护运行机制改革的实践与探讨[J].岩土力学,2002,23(s1):266-269.

[36]郝铭.公路工程施工技术与质量控制[M].北京:北京工业大学出版社,2019.

[37]邓小军.公路施工技术[M].沈阳:东北大学出版社,2014.

[38]胡新顺.关于公路工程沥青路面施工技术分析[J].绿色环保建材,2019(03):115.

[39]杜瑶.公路土质路基施工技术分析[J].交通世界,2017(07):46.

[40]陆键,赵吉广,项乔君,等.高等级公路养护质量综合评价模型[J].东南大学学报(自然科学版),2005,35(5):810-814.

[41]庄学敏,车嘉丽,张少锦,等.高速公路养护成本研究[J].会计之友,2014(34):43-44.

[42]朱洁,陈长,孙立军.公路养护绩效评价指标体系的构建方法[J].同济大学学报(自然科学版),2012,40(6):871-875.

[43]彭合,彭秀怡.与时俱进公路养护科学管理[J].水运工程,2005(07):1-3.

[44]王玉顺.高速公路养护管理与改革[J].中外公路,2003,23(4):110-111.

[45]杨永红,晋敏,白钰,等.公路养护资金分配方法优化研究[J].中外公路,2015,35(4):336-340.

[46]贾联胜,郭小宏,程德宏.规模经济原理与高速公路养护规模[J].重庆交通学院学报,2002,21(2):74-76.

[47]颜可珍,张邹.高等级公路养护质量评价方法[J].广西大学学报(自然科学版),2012,37(4):731-736.

[48]张信诚.高速公路养护市场化之我见[J].筑路机械与施工机械化,

2002,19(6):47—50.

[49]周茂松,吴兵.公路养护作业区的长度优化方法[J].公路,2007(05):200—203.

[50]朱洁,陈长,孙立军.公路养护管理指标体系的构建方法[J].公路工程,2013,38(2):152—155,158.

[51]张玉峰,顾剑.公路养护工程造价影响因素评价研究[J].公路工程,2014(05):247—251.

[52]葛锐,易万中,蔚隽.关于完善公路养护投资管理的探讨[J].重庆交通大学学报(自然科学版),2007,26(4):142—145.

[53]傅小华,黎志成,徐国光,等.公路养护现代化评价指标体系研究[J].公路,2004(05):161—165.

[54]黄彬.公路养护机械现状及改善途径的探讨[J].中南公路工程,2002,27(2):97—99.